あなたはなぜ
年収1000万円以上なのに
資産が増えないのか

# はじめに

年収1000万円と聞いて、あなたならどんなイメージを抱かれますか？

サラリーマンとして成功しているか否か、その1つの基準と考える人は少なくないと思います。

国税庁による「令和元年分民間給与実態統計調査」では給与所得者数5990万人（2019年12月31日時点）のうち年収1000万円以上を稼ぐサラリーマンはわずか5％、20人に1人という計算になります。

日本のサラリーマンの平均給与は436万円ですから、平均を大幅に上回るいわゆる〝勝ち組〟といっても過言ではないでしょう。

しかし、憧れの目標にようやく到達しても豊かな暮らしは手に入らず、むしろ「高所得貧乏」といわれる状況に陥っている人たちがいます。幸福感も少なく日々の生活はなんとかなってはいるものの資産を増やすことができず、将来に大きな不安を抱いています。

なぜ年収1000万円以上も稼ぎながら、資産を増やすことができないのでしょうか？

その理由はいくつかあります。

まず挙げられるのは生活レベルの向上です。年収1000万円以上ともなれば、住む場所や着るもの、車なども年収1000万円以下とは変わってきます。より利便性の高い場所を選び、ブランドにこだわる人も少なくありません。また健康に気を使って食材を吟味する家庭も増えますから、日々の生活コストがどんどん高くなっていきます。

子どもの教育費についても、複数の習い事をさせたり私立の学校に進学させたりと、意識が高い分だけ費用もかかります。その結果、特別な贅沢をしているつもりがなくても、貯蓄がまったくできない……という家庭が多くなるのです。

さらに、最も負担になるのは「税金」です。日本の所得税は超過累進税——所得が高くなればなるほど、税率が上がる仕組みです。所得が増えれば、それだけ所得税も増えますし、住民税や社会保険料も所得額が高くなるほど上がっていきます。

稼いでも稼いでも豊かになれない……。そんな悩みをもつ高年収サラリーマンのなかで資産形成や投資に興味をもつ方が増えています。しかし、一口に投資といっても種類がたくさんあります。国債・社債・投資信託・ＥＴＦ・株式投資・ＦＸ・仮想通貨など、細かく挙げていけば10種類以上はあり、それぞれ一長一短があるものです。

そのなかでも私が年収1000万円以上のサラリーマンに提案するのは、ずばり、不動産投資です。

不動産投資のメリットは、富裕層が資産を築くにあたって大きな障害となっている所得税を圧縮できるのに加え、他人資本（銀行融資）を使うことで、少ない元手でもレバレッジをかけられる点にあります。そうして給与以外の安定収入を得ることができるのです。

これだけのメリットを享受できるのは、数ある投資のなかでも不動産投資だけといってよいでしょう。

そこで本書では、不動産を活用した資産運用の方法を分かりやすく解説します。節税のための不動産活用の仕組みから、有利な融資の受け方、物件選定のポイント、運用の仕方までをあますところなく網羅しています。年収別のケーススタディも盛り込んでいますので、ご自身に合った事例を参考にしてください。

長いスパンで考え1日でも早く始めれば、資産は確実に増やすことができます。この本で1人でも多くのサラリーマンが本当の豊かさを手に入れてくれたら著者として望外の喜びです。

目次◆あなたはなぜ年収1000万円以上なのに資産が増えないのか

第3章

# 他人資本を使えるのは「不動産投資」だけ！銀行融資を活用してレバレッジをかける

# 第4章

## 収入を増やすだけでなく出る金を減らすのも重要！ 高額の税負担を不動産で軽減する

第5章

## 融資と減価償却が肝！　失敗しない物件を見極める

第6章

# 築年数&年齢によって全然違う 押さえておきたい出口戦略

第7章
## 豊かな暮らしを手に入れたサラリーマン投資家の年収別ケーススタディ

〈巻末付録〉

# 第1章

# 高収入なのに
# 生活水準が上がらない、
# 資産もまったく増えない現実

# 1000万円は成功の目標

1000万円というのは、サラリーマンにとって成功の目標となる年収です。「はじめに」でも述べましたが、日本のサラリーマンの平均年収436万円からすれば1000万円といえば、倍以上の金額です。

富裕層の定義にはいくつかありますが、年収1000万円を超えた人を富裕層と呼ぶこともあります。年収1000万円を超える給与水準になるためには、勤めている会社次第という部分も大きいでしょう。

年功序列で1000万円を超えていくような大手企業、年齢に関係なく高給をもらえる外資系企業、大手でなくても歩合の比率が高く営業成績を伸ばして1000万円以上を得ている方もいるかもしれません。

いずれにしても年収1000万円は狭き門です。そもそも年収1000万円を確保できる人は全体の約5%といわれていますから、そこに到達したときに達成感を得た人も多いと思います。

しかし、狭き門であるこの1000万円の層に所属していたとしても、豊かな暮らしを手に入れることができていません。年収が高いからといって成功を感じられない人が多いのが日本の富裕層の現状なのです。

## 高収入を達成しても豊かな暮らしが手に入らない

人がうらやむような高収入であっても、「思っていたより生活が楽ではない」「お金が貯まらない」という悩みをもっている人は非常に多いです。

収入が増えれば支出も増えるのが一般的な傾向で、食べるものや身につけるものをはじめとして車や住まいなど、その年収に応じてランクアップしていきます。その結果、年収は上がったはずなのに、常にお金に余裕がないという状況に陥るのです。

また、個人事業主であれば確定申告があるものの、サラリーマンの年末調整に関しては経費に算入できるものが保険料控除と住宅ローン減税、そして医療費控除くらいしかないのもお金が残らない原因となっています。

## 所得税の税額速算表

| 課税される所得金額(A) | 所得税率(B) | 控除額(C) | 税額＝(A)×(B)−(C) |
|---|---|---|---|
| 195万円以下 | 5% | 0円 | (A)× 5%− 0円 |
| 195万円を超え 330万円以下 | 10% | 97,500円 | (A)×10%− 97,500円 |
| 330万円を超え 695万円以下 | 20% | 427,500円 | (A)×20%− 427,500円 |
| 695万円を超え 900万円以下 | 23% | 636,000円 | (A)×23%− 636,000円 |
| 900万円を超え1,800万円以下 | 33% | 1,536,000円 | (A)×33%−1,536,000円 |
| 1,800万円を超え4,000万円以下 | 40% | 2,796,000円 | (A)×40%−2,796,000円 |
| 4,000万円超 | 45% | 4,796,000円 | (A)×45%−4,796,000円 |

一方でサラリーマンの方の所得税と住民税に関しては、課税所得金額に応じて7段階に分かれており、1000円から194万9000円までは5%、195万円〜330万円までは10%、330万円〜695万円までは20%、695万円〜900万円までは23%、900万円〜1800万円までは33%、1800万円以上は40%となっています。

基礎控除額はあるものの、所得に対する所得税の割合はかなり高額であり、例えば独身で扶養者がいない年収1000万円のサラリーマンであれば基礎控除額63万6000円を除いた部分で、所得税額は101万8872円となります。

妻と子ども2人の扶養者をもつ標準家庭の場合は、年収1448万円であれば基礎控除額279万6000円を除いた部分で、所得税額は211万8780円となります。

手残りから考えると、年収が高くなればなるほど税負担について考える必要があります。

## ぬぐえない将来不安……子どもの教育費、親の介護、年金問題

将来を考えると年収が1000万円あったとしても、不安は募ります。子どもの教育費や親の介護費用に加えて自分たちの老後資金も考えなければなりません。

まず、教育費については、文部科学省による子どもの学習費調査「学習費総額」(平成30年度)によれば、公立の小学校・中学校・高校に通えば約126万円、私立の小学校・中学校・高校に通えば約397万円がかかると発表されています。

これに加えて大学は、日本政策金融公庫「教育費負担の実態調査結果」(令和2年度)によると公立に4年間通えば約537万円、私立(文系)に4年間通えば約704万円、私立(理系)に4年間通えば約863万円かかります。

大学も自宅から通える範囲であればいいですが、1人暮らしをしながら通学するケースもあり、同調査によれば、その比率は27・4%。その際の初期費用の平均は約40万円、年間の仕送り平均額は約90万円。仕送りなしで自活する比率は10・6%とのことですが、9割が親の仕送りで生活しています。

つまり、小学校から大学まですべて私立で理系に進学したら、自宅から通えたとしても、約1260万円が必要です。子どもが2人いれば、教育費はこの2倍かかります。

介護費用は両親の年齢や健康状態によるところも多いですが、おおよその目安として、生命保険文化センター「生命保険に関する全国実態調査」(平成30年度)によれば、介護期間は平均54・5カ月(4年7カ月)で、介護費用は一時的な費用が約69万円(自宅の改修工事などの費用)、月額平均7万8000円の費用がかかるという結果です。介護の平均期間と月額費用等から算出すると総額は500万円近くになります。もし、夫婦に両親がいれば、この4倍となる可能性があります。

もちろん、自分たちにも老後はあります。生命保険文化センター「生活保障に関する調査」(令和元年度)によると、預貯金や個人年金保険、有価証券などの老後資金を使い始めようと考えている年齢は、平均65・9歳となっています。

老後に最低限必要な生活費は、同調査によると、月額平均22万1000円となっています。そして、最低限必要な生活費以外に、経済的にゆとりのある老後生活を送るための費用として、月額平均14万円となっており、合わせて36万円が必要と考えられています。

この増加する支出や将来に必要な資金に合わせて給与水準を上げ続けられるのはごく少数であり、ほとんどの人が収入を増加させ続けられないのが現状です。

「もっと収入を得たい、より豊かになりたい！」

これがサラリーマンの主たる本当の望みではないでしょうか。

# 第2章

# 可処分所得を増やす！
# 「投資」による
# 給与所得プラスアルファを目指す

# 可処分所得を増やすためにはどうすべきなのか？

高年収であっても支出や税負担が増えて、生活が豊かにならないという人が、可処分所得を増やすためには、どうしたらいいのでしょうか？

そもそも給与所得を増やすのは、サラリーマンの身において簡単ではありません。

ここで大前提として、所得の種類について振り返ってみます。所得税法ではその性格によって、所得を次の10種類に区分しています。

**●10種類の所得**

1. 利子所得
2. 配当所得
3. 不動産所得
4. 事業所得
5. 給与所得

6. 退職所得
7. 山林所得
8. 譲渡所得
9. 一時所得
10. 雑所得

多くのサラリーマンにとっての基本的な所得は、給与所得です。給与所得は、累進課税となっており、所得が上がるほど適用される税率は高くなります。そのため思ったほど可処分所得、資産が増えていかないといった現象が起きるのです。

このような前提下で、資産を貯めるスピードを上げていくために、投資を行うというのは1つの有力な選択肢となります。

給与所得以外の所得を増やしていくか、そして税の面では累進課税が適用されるカテゴリーではなく、より低い税率のカテゴリーで利益を上げていくこと（=高額な税負担を軽減すること）が重要なポイントとなります。

## 投資においてリスクとリターンは比例する

まず投資とはなにかというと、端的にいえば「お金に働いてもらうこと」です。

投資にはさまざまな種類があり、それぞれにリスクが伴います。そして、多くの場合リスクとリターンの大きさは比例しており、より多くのリターンを獲得するには、より多くのリスクを取る必要があります。

100万円を投資する場合において、それを105万円にしたいのか150万円にしたいのか、500万円にしたいのか、リターンの設定に応じた投資手法があります。当然、より多くのリターンを目指すとそれに伴いリスクも増加するわけです。

一方でリスクの許容量は人によって異なります。資産を1億円保有している人の100万円の損失と200万円の資産をもっている人の100万円の損失では、意味合いが異なってきます。

投資をする際に、まず考えるのは、どの程度のリターンをどのような時間軸で目指して、どの程度のリスクを許容できるのかということです。今は低金利ですが利子がもらえるという意味では、銀行預金もまたお金に働いてもらう投資の1つといえます。銀行預金は「低リスク・低リターン」の投資なのです。

## 投資パフォーマンスを考えるうえでのポイントとは？

では投資のパフォーマンスを考えるにあたっては、どんなことを押さえておけばよいでしょうか。押さえておくべきポイントを5つ紹介します。

**【ポイント①】価格変動リスク**

最大のポイントは価格変動リスクです。価格変動の大きいハイリスク・ハイリターン型の投資対象なのか、価格変動が比較的小さいローリスク・ローリターン型の投資対象なのかは最初に確認したいポイントです。

## 【ポイント②】レバレッジ

価格変動リスクについで重要なポイントでありながら、軽視されがちなのがレバレッジ（借金）です。平たくいえば「借金をして投資ができるかどうか」です。

自己資本以外にレバレッジを活用することができれば、自己資本に対する投資の「リスク」「リターン」はともに拡大されます。

レバレッジをかける――つまり、お金を借りて投資をするわけですが、重要なポイントは、強制決済があるかどうかです。強制決済とは文字どおり、「価格が下がったときに、その投資を強制的に売却して借金を返済すること」です。

株や仮想通貨では、信用取引という形でレバレッジをかけて取引することは可能ですが、価格が低下した場合は、追証といって追加的な自己資本の投入が求められることもあり、それができない場合には強制決済という形で借金を返済し、自己資本に関して損失が確定します。

一方で不動産投資の場合、銀行から10～30年程度の融資期間が最初から定められており、しっかりと返済を行っていれば、相場変動を理由による返済が求められないという「期限の利益」が存在する形の有利なレバレッジのかけ方といえます。

【ポイント③】税率

もう1つ、投資のパフォーマンスを決めるうえで、忘れてはいけないポイントは、リターンに対する税率です。

年収1000万円を超える高収入のサラリーマン・自営業者が可処分所得を増やすためには、高額な税金をどう軽減するのかを考えなければいけません。

先ほど所得を10の区分に分けて説明しましたが、区分により税率は異なり、譲渡所得で20％の税率のものから、総合課税での最高55％の税率のものなど所得により税率は大きく変わり、税率のセグメントでこの税率の差は大きなリターンの差となります。

また、株や投資信託では適用される金額に限界はありますが、NISAを使うと売却益が無税となる制度もあります。

【ポイント④】流動性

忘れられがちなポイントの1つに流動性があります。現金が必要なときにどの程度のスピードで現金化できるのか、また現金化を行おうと思ったときに、時価での売却が可能であるかも投資のリスクとしては当然考えなければなりません。

**【ポイント⑤】手数料**

投資のパフォーマンスを考えるときに忘れてはならないのは手数料です。不動産の購入などの場合は、仲介業者に支払う手数料以外にも、不動産取得税もかかり、こういった税金も手数料に含めて考える必要があります。

## 知っておきたい投資の種類

それでは実際にどのような投資手法があるのか、それぞれのプロダクトについて考えていきます。

**【投資の種類①】仮想通貨**

最近注目の仮想通貨ですが、価格変動の点では一晩で20〜30%もの価格変動を起こす典型的なハイリスク・ハイリターンのプロダクトといえます。一部の取引所では信用取引という形でレバレッジをかけることができますが、これは価格変動により強制決済されるタイプのレバレッジのかけ方になります。

また、税金に関しても個人の場合は雑所得として課税されるため、大きく利益が出た場合は、上場株投資に比べて税金は高くなり、損失が出た場合にも違うカテゴリーの所得と相殺することはできません。

流動性は取引所・販売所で売買できるものに関しては問題ありませんが、手数料という観点において、販売所の場合には購入・売却双方で通貨の種類によっては10%程度の手数料がかかることには注意が必要です。

## 【投資の種類②】株

最もポピュラーな投資商品といえる株の特徴は、仮想通貨ほどではありませんが、やはり価格変動リスクはそれなりに大きいことです。レバレッジに関しても信用取引ですので、強制決済がある形でのレバレッジのかけ方となります。

一方で、投資対象として秀でているポイントとしては、申告分離課税で大きな利益が出ても20％の税率で済むこと、また流動性に関しても問題なく、手数料水準が極めて低い点も投資対象としての魅力といえます。

**【投資の種類③】投資信託**

価格変動リスクはどのような商品に投資しているかによりますが、少なくとも複数銘柄に分散して投資しているため株よりは価格変動リスクは低いといえます。

基本的に株と似た商品ではありますが、レバレッジはかけられませんし、手数料という観点では、販売手数料は株よりも高くなりがちです。加えて信託報酬という形で、毎年手数料がかかることは株に対しての弱点といえます。

**【投資の種類④】REIT**

不動産、株、投資信託の要素を兼ね備えたのがＲＥＩＴです。投資対象は不動産ではありますが、上場しているために毎日価格変動が起き、結果的に価格変動リスクは不動産より大きくなります。

レバレッジとしては、信用取引の対象となっていることに加えて、ＲＥＩＴ自体も、不動産を取得するときに借入をしているのでレバレッジがかかっているといえます。

ＲＥＩＴ自体には基本的に法人税はかかりませんし、投資家としては株と同様の税率であり、税金面では優れた投資対象といえます。

## 【投資の種類⑤】不動産

不動産は一つひとつ条件が異なり、その価格に関しても取引所で取引されるのではなく相対での取引です。時代により価格上昇期・価格下落期といったトレンドはあるものの、これまで説明したプロダクトと比較すると価格変動リスクは小さいといえます。

不動産の投資として最も魅力的なポイントは、銀行融資を活用してレバレッジをかけた投資ができる点です。

レバレッジをかけることにより、理論的にはリターンだけでなくリスクも高まるわけですが、不動産融資の優れている点は、「期限の利益」があり、返済をしっかりと行っていれば、相場の下落局面においても価格下落を理由として返済が求められない点です。これが信用取引との大きな違いです。

つまり、相場が下落し売却損が出るようなタイミングではあえて売却をせずに、元本を着々と返済していくことにより、元本を減らして、相場回復期に元本以上での返済が可能となります。

一方で不動産投資の弱点としては、流動性がないことです。不動産は売却しようと思っても数日で売却することは不可能であり、売却しようと思ってから実際の決済までの期間は、最短でも1カ月程度、通常数カ月かかりますし、急いで売却しようと思った場合には相場以下での売却を余儀なくされることもあります。

また、取引の手数料が高いのも特徴です。売買の際の仲介手数料に加えて、購入時には不動産取得税がかかりますし、登記にも費用が必要です。このように、売買にはそれなりに費用がかかることを考えると短期売買よりも長期保有に適した投資商品です。

加えて不動産には複数の税金があり、運用の仕方次第では、節税が可能な非常に魅力的な商品になります。

# 第3章

# 他人資本を使えるのは「不動産投資」だけ！

# 銀行融資を活用してレバレッジをかける

## 銀行の実情、融資を出したがっていた理由

数ある投資のなかでも銀行融資という他人資本が使えるのは、不動産投資だけです。もともと銀行は不動産の融資を好み、その理由はおおむね以下の2点が挙げられます。

1つは金額が大きいことです。中小企業の運転資金は会社の固定費を賄う意味で融資を出しますが、会社の固定費は人件費、事務所費などに限られ、中小企業の場合大きくても数千万円、また、その運転資金でさえも不景気時には融資をするのは難しいのです。ただし不動産融資の場合はものにもよりますが、2億円、3億円もの取引も出てきます。また住宅ローンと違い、ある程度金利を取れる不動産融資は銀行にとっておいしい融資なのです。

もう1つは担保が取れることです。建物は年を経るごとに価値は下がっていきますが、土地に関しては値段の増減はあるものの融資時の担保価値があります。銀行は独自の基準で土地や建物の評価を見ています。

建物は再調達価格で見ている銀行が多いですが、土地に関しては地方銀行の場合なら路線価が多く、信用金庫は路線価の70～80％で見ています。いずれにせよ担保の部分は銀行にとっては保全になります。

また、経済情勢も不動産業界に味方し、銀行融資が拡大しました。２００８年のリーマンショックにより、日本は不景気のどん底となりました。いわゆるデフレです。その景気回復の使命を負って、２０１２年に第2次安倍政権が誕生しました。安倍晋三前総理は『アベノミクス』を発表します。このアベノミクスのなかの金融緩和政策が、銀行の不動産融資拡大につながりました。

不動産融資拡大のメカニズムを簡単に説明します。まず日本銀行（以下日銀）が銀行から国債を大量に購入します。日銀がお金を発行し、銀行が国債を買い、日銀が買い戻すわけです。

当然ですが銀行にはお金が入ってきます。それを「民間融資に充てよ」という話なのですが、20年にもわたって不景気が続く日本において、融資先はそう簡単に見つかりません。

そして日銀の黒田東彦総裁は「融資向けの資金がダブついた場合、その余剰資金に対してマイナスの金利を課す」と発言しました。前述したとおり、日本経済は立ち直っていませんので、簡単に中小企業へ融資を出せません。そのため土地建物という保全が取れる不動産に資金が流れ、不動産業界が活発になったわけです。

現在、サラリーマンに対しての区分マンション投資用不動産融資においては、信販系を中心に長期の融資が出ています。しかし数年前に比べると、徐々に区分マンション融資は厳しくなってきています。

また、一棟もののアパート・マンション投資用不動産融資に関しては、スルガ銀行の不正融資事件やレオパレス21の建物構造不備問題に不正サブリース問題、そしてＴＡＴＥＲＵの銀行不正融資問題などで金融庁のアパートローン厳格化指導により、ここ数年かなりハードルが上がっていました。

それまでの数年は、金融緩和の影響による金あまり状態にあり、景気が回復しない影響での貸し出し不足、これを補う意味で不動産へ積極的に融資を出していました。

## 実需と呼ばれる不動産業界の今

２０２０年春、新型コロナウイルスが全世界を襲いました。

そして今、２０２１年４月は三度目となる緊急事態宣言が発出されています。２月からは日本でも新型コロナウイルスワクチンの接種が始まりましたが、収束の兆しは見えていない状況です。

不動産業界の動向としては、大手不動産仲介会社は２０２０年の４月から５月にかけては動きが完全にストップしました。このコロナ禍では２０２０年４月早々に縁の深い信用金庫さんや地方銀行さんがすぐに連絡をくださり、プロパー事業資金、コロナ融資など、さまざまな提案とフォローをしてくれました。これほど金融機関のありがたさを感じたことはなく、金融機関の重要性を痛感しました。

６月からは緊急事態宣言が解除されたことを受け、不動産業界は非常に忙しくなりました。その理由は緊急事態宣言が出ると、不動産売買仲介の担当が売主さんに会いに行けなくなるためです。

　これは土地、戸建て、アパート、マンションなど、すべての不動産に共通していえることですが、売主との媒介契約を締結し、不動産仲介営業マンが営業活動を始めることにより、不動産の売買案件が1件増えます。逆にいえば売主との対面ができなければ売買案件も増えないため、緊急事態宣言が明けると同時に忙しくなったわけです。そのため緊急事態宣言による外出自粛は、多少なりとも不動産業界の売上にも影響してくるのです。

　現在、「不動産の価格が思ったより落ちない」「高めに推移している」という話を多くの不動産仲介営業マンから聞きます。先ほども6月から忙しくなったと書いたとおり、緊急事態宣言以降、日本の不動産はかなり売れているのです。

　実際、このコロナ禍で戸建てディベロッパー最大手の飯田グループ、オープンハウスなど多くの在庫を抱えていた会社は過去最高益を出しています。

　これは実需と呼ばれる戸建て、マンション、戸建て用地は外出を制限されているからこそ、自宅で優雅に過ごしたいという消費者欲求を補っているからです。この戸建て、戸建て用地、マンションに関しては継続的に需要がありますので、新型コロナウイルスがある程度落ちついて人々の活動が自由になるまでは継続する可能性が高い、少なくともあと3

年程度はこのような状況が続くのではないでしょうか。

業績が出ていないのは、ホテルやシェアハウスなどの販売運用会社や、訪問販売的に戸建ての注文住宅を請け負うハウスメーカーなどです。

## 収益用不動産業界の今

私が主に手掛けている不動産投資の業界は、ちょっと特殊な存在です。全体的には、多くの不動産仲介会社の営業マンはコロナ禍の前は収益用不動産――いわゆるアパートやマンションを買う法人との取引が主流でしたが、現在は非常に少ない状況といわれています。

そもそも、もともと経営状態の悪かった会社と良い会社に分かれます。収益用不動産業界は、2018年1月の女性専用の新築シェアハウス『かぼちゃの馬車』を企画販売・運営していたスマートデイズの破綻がきっかけで不動産業界全体の不正、銀行の不正融資などが次々に明るみに出ました。

そのなかで、アパート・マンションの不動産融資が厳格化され、不正融資の文言が新聞を飾り、それらの販売をメインとした多くの不動産会社が潰れていきました。

不正をしていた会社はすべて銀行に露呈して、お客さまの融資先を失い衰退していきました。そのため、不正をせずに真面目にコツコツやっている少数の会社と、自らのモラル違反により投資用不動産を取り扱いできず弱っている会社に分かれているのです。

現在、収益用不動産を中心に事業継続している会社は東京で200社程度といわれています。5年前には2000社以上ありましたから、9割の会社が5年の間に消滅したのがこの業界の現状です。

私の経営する会社は東京の吉祥寺にありますが、隣駅の三鷹では私の会社より老舗のS社が不正融資により、あらゆる銀行との取引が停止となっており、実需と呼ばれる通常の戸建てやマンションの仲介業務にシフトチェンジをしました。当然ですが、やむを得ない業態変革は利益を大きく損失します。

## 不動産投資は新型コロナウイルスの影響を受けない

金融緩和が続いている――すなわちデフレが改善されていないのが現状です。ましてや新型コロナウイルスで経済がダメージを受けている状況で貸出先を失っている銀行としては、不動産融資をしたいはずです。

2020年4月7日の新型コロナウイルスによる緊急事態宣言の影響で、4～6月は不動産業界の動きがほぼありませんでした。

しかし、6月以降の巣ごもり需要によるマイホーム購入世帯の増加、事業者に対しては日本政策金融公庫や商工組合中央金庫、6月からは各金融機関からもコロナ融資が出ているため、その資金を活用しての不動産購入需要は非常に多かったのです。

現在は2021年3月ですが、不動産市況としては不動産を購入したい層が非常に多く、物件は安いものであればすぐに売れてしまう状況です。

そして不動産を購入したい人のほとんどは、銀行融資を受けて購入をします。つまり、銀行の融資はある一定の層には出ているのです。

また、数年前から四国や中国エリアなどの地方銀行が積極的に東京に出てきています。地方では不動産の取引数も会社の数も多くはありません。そのため都心に進出すれば、大きく融資を伸ばすことができるわけです。

ただし、銀行として以前のようにフルローンやオーバーローンを行う金融機関はほぼなくなりました。フルローンを引くことができるのは抵当権が付いていない土地を保有している地主さんか、豊富に資金をもっている経営者に限られます。

## 大きな影響を与えた不正融資

なぜ、金あまりにもかかわらず融資が引き締まったのか？　その理由はアベノミクスによる異次元金融緩和により、不動産の取引が拡大し、そのなかで起きた不正取引にあります。

具体的に例を挙げると、以下のように非常に多くの事件が起こりました。

## ●不正融資問題

・スマートデイズに端を発するスルガ銀行不正融資事件
・TATERUの銀行融資資料改ざん事件
・西武信用金庫のチャイニーズドラゴン融資に端を発するローン期間の問題
・大東建託、レオパレス21のサブリース不正契約によるデフォルト多発事件
・積水ハウスの地面師詐欺事件
・アルヒの住宅ローン不正事件

そのため不動産の事業、担保に対しても厳しめに見るようになってきたのです。現在、銀行は約20％前後の自己資金の提供を求め始めています。これはサラリーマン投資家の不動産事業の安全性を重視してのことです。ただし、地主層の場合には相続税対策がメインになりますので、いまだフルローンを受けられる銀行もあります。

# 物件・融資・減価償却を理解する

収益用不動産を購入する場合、「なぜこの物件がこの価格なのだろう？」という妥当性を考えながら購入しなければ、高く購入することになってしまいます。特に一棟ものの不動産投資にいえることですが、保有期間中においてのリスクも限定的には存在します。

では、どうすればよいのでしょうか。

それは物件・融資・減価償却という3アイテムをきちんと学んで理解して選定したうえで賃貸経営をスタートさせることです。

前述したように、2018年に新築シェアハウス「かぼちゃの馬車」など業界的に迷惑な会社の悪影響により、不動産投資業界はマスメディアを中心にかなりのバッシングを受けました。

しかし本来、この一棟ものの不動産投資は非常に昔からあるオーソドックスかつ安全な投資手法です。良いものさえ提供できれば、きちんと成功する本質的に良い投資法なのです。

# 融資の金利・期間・金額において重要視すべきは？

続いて不動産の融資の選択において条件をどう考えるべきか。具体的にいえば、金利・期間・金額のどれを重要視すればよいのでしょうか。

不動産会社の考え方にもよりますが、多くの会社はフルローンを目指して金額を重視する傾向があります。しかし不動産を取得する目的と個人属性、特に所得税率が高い人は選ぶ基準が変わってきます。

不動産の保有目的はおおむね3点に絞られます。

**●不動産の保有目的**

1．資産を形成したい
2．資産を保全したい
3．所得税を圧縮したい

まず1は非常に分かりやすく、サラリーマンで子どもの教育費、老後の生活費などに不安があるとします。万が一のリストラや会社の倒産など経済的不安を解消するために、収入の第2の柱をもちたいという人です。

不動産投資における収入といえば「家賃収入」ですが、家賃収入から管理運営費や建物維持費、固定資産税、都市計画税といったランニングコストを差し引いたキャッシュフロー（CF）が利益となります。

この利益は空室や修繕費によって変わる部分があるものの、毎月一定額の収入となり、安定したインカムゲイン（運用益）といえます。

また、不動産購入においては現金ではなく、融資を使って不動産融資特有のレバレッジ（てこ）を効かせた投資を行うことが重要になります。そのなかでも最も肝となるのは融資金額です。なるべく自己資金を使わないで購入することを目指します。その際には、キャッシュフローを安定化させるための、期間を重視した融資を選択するのが賢明でしょう。

2の資産保全を希望される方は資産をすでに多くもち、相続税の支払いを気にされている65歳以上の準高齢者の方が該当します。このような人は借入額が多ければ、その分だけ相続税が圧縮されますので1と同様に金額が一番です。

ただし1と異なるのは、不動産融資を受けるうえで高齢になると、保有する金融資産や土地建物を共同担保にして銀行融資を受ける場合が多くなります。担保余力をより多く価値があるとみなす銀行であれば、相続税の負担を減らすため1棟だけで終わらせず、2棟、3棟と続けて融資をしてくれる可能性があります。

そのため、物件の融資金額をフルローンに近くもっていくだけでなく、保有資産に対していくらまで融資をしてくれるのかで銀行を選択し、融資選択することが重要です。

もちろん、借金だけを目的にしてはいけません。資産を引き継ぐ後継者に負債を引き継がせないように、後世でも収益性と資産性ともに価値のある不動産の選択が大前提となります。

最後の所得税の圧縮ですが、これが最も鍵となります。

物件を取得する人の所得税率が20％を超えている場合、建物の減価償却を用いて所得税を節税し、5年以上物件を保有した場合の不動産売却の税率20％との差額を節税するという手法があります。減価償却の効果については70ページを参照ください。

これを式にすると、保有キャッシュフローは次のページの計算式①のとおりとなります。

年収2500万円の方で1億円の物件、利回り10％、PMフィー（賃貸管理会社の報酬）10％、BM経費（清掃や消防点検、受水槽清掃、浄化槽メンテナンスなどの建物ビルメンテナンス経費）年間50万円、固都税（固定資産税・都市計画税）50万円。5年後に不動産を売却して9500万円で売れたとします。融資は以下の前提のフルローンです。

Y銀行　金利1・5％　期間20年　月次支払額48万2545円

家賃が下落しない前提、サブリース扱いで空室がない前提で表面キャッシュフローを計算すると、5年間の家賃は次のように計算（計算式①）されます。

5年間の受取家賃は220万9464円×5年＝1104万7320円

売却時のキャッシュフローは次のように計算します。

**計算式①　物件保有に伴う年間キャッシュフロー**

【受取家賃－（元本＋金利）－ PM フィー＋ BM 経費＋固都税】

【1,000万円－（500万円＋79万536円）－（100万円＋50万円＋50万円）】＝220万9,464円

**計算式②　給与所得と不動産収入・減価償却を加味したキャッシュフロー**

【受取家賃－（金利＋ PM フィー＋ BM 費用＋固都税）－（建物減価償却費＋給与所得）】×所得税率

【720万9,464円－（79万536円＋100万円＋50万円＋50万円）－（1,400万円＋2,500万円）】×40%

売却額－ローン残債額＝売却キャッシュフロー

９５００万円－７５００万円＝２０００万円となります。

一方で税金を含めてキャッシュフローを考えた場合、建物の減価償却費を７０００万円で5年償却したときに、給与を含めて税金を見ていくと、保有期間中は

（１０００万円－79万５３６円－１００万円－50万円－50万円）で７２０万９４６４円の売上が追加され、約３２２０万円の年収となります。

建物の減価償却費７０００万円÷５年＝１４００万円の償却があるので２７２０万円－１４００万円＝１３２０万円の課税所得となりま

す。

もともとこの方のケースでは税率40％でしたので、（２５００万円－１３２０万円）×40％×５年＝２３６０万円（計算式②）の所得税の納税を抑えることができました。

売却時ですが不動産の簿価（帳簿の価格）は減価償却を使い切っていますので、建物を除いた３０００万円が簿価となります。

（９５００万円－３０００万円）×０・２＝１３００万円の税金がかかります。

売却額－ローン残債額＝売却キャッシュフロー

９５００万円－７５００万円＝２０００万円に長期譲渡益の税金である１３００万円を引き、７００万円が売却時利益となります。

続いて銀行選択について考えてみましょう。S銀行の条件は以下でフルローンとなります。

S銀行　金利２・５％　期間30年　月次支払額39万５１２０円

**保有時キャッシュフローと売却時利益を合計すると**

節税2,360万円 ＋ 税後受取家賃1,100万円＋

売却 CF700万円 ＝ 4,160万円

が総合的に上がった利益となります。

**計算式③**

【受取家賃－（元本 ＋ 金利）

－（管理運営費＋建物維持費＋固都税）】

【1,000万円－（333万4,000円＋140万8,117円）－

（100万円＋50万円＋50万円）】＝325万7,883円

Y銀行に比べて金利も高く、期間が長いS銀行を選択したとします。メリットとしては保有期間中のキャッシュフローが多くなります。一方で元本返済のスピードが遅くなりますので、償却後の不動産売却時に簿価と残債の開きが大きくなりキャッシュアウトします。

Y銀行の場合と同様に家賃が下落しない前提、サブリース扱いで空室がない前提で表面キャッシュフローを計算すると5年間の家賃は、次のように計算されます（計算式③）。

5年間の受取家賃は325万7883円×5年＝1628万9415円

売却時のキャッシュフローは次のようになります。

**S銀行の保有時キャッシュフローと売却時利益を合計すると**

節税1,482万円＋運用 CF1,628万円－売却時キャッシュアウト133万円＝2,977万円

が総合的に上がった利益となります。

売却額－ローン残債額＝売却キャッシュフロー

９５００万円－８３３３万円＝１１６７万円

税金を含めたキャッシュフローも計算してみましょう。建物の減価償却費を７０００万円で5年償却したときに、給与を含めて税金を見ていくと保有期間中は、

（１０００万円－１４０万８０００円－１００万円－50万円－50万円）で６５９万２０００円の売上が追加され、約３１５９万円の年収となります。

建物の減価償却費７０００万円÷5年＝１４００万円の償却があるので、課税されるのは３１５９万円－１４００万円＝１７５９万円となります。

もともとこの方は税率40％でしたので、（２５００万円－１７５９万円）×40％×5年＝１４８２万円の所得税の納税を抑え、約１６２８万円の受取家賃を無税で取得できた計算になります。

売却時ですが、不動産の簿価は減価償却を使い切っていますので、建物を除いた3000万円が簿価となります。
（9500万円－3000万円）×0・2＝1300万円の税金がかかります。

売却額－ローン残債額＝売却キャッシュフロー
9500万円－8333万円＝1167万円に、長期譲渡益の1300万円を引き、売却時キャッシュアウト133万円が発生します。

Y銀行で3160万円、S銀行で2977万円とキャッシュフローはあまり変わりませんが、Y銀行の方が売却時にキャッシュアウトしない可能性があり、元本返済が早ければ早いほど利益が出やすい傾向を示しています。

そのため銀行選択においては、期間というよりも金利を重視したほうがよく、不動産賃貸業では期間の長さを取ることで返済比率を下げられますが、節税目的で不動産を保有する場合には、期間を短めに設定するのが不可欠です。

## 出費・給与・不動産所得のバランス

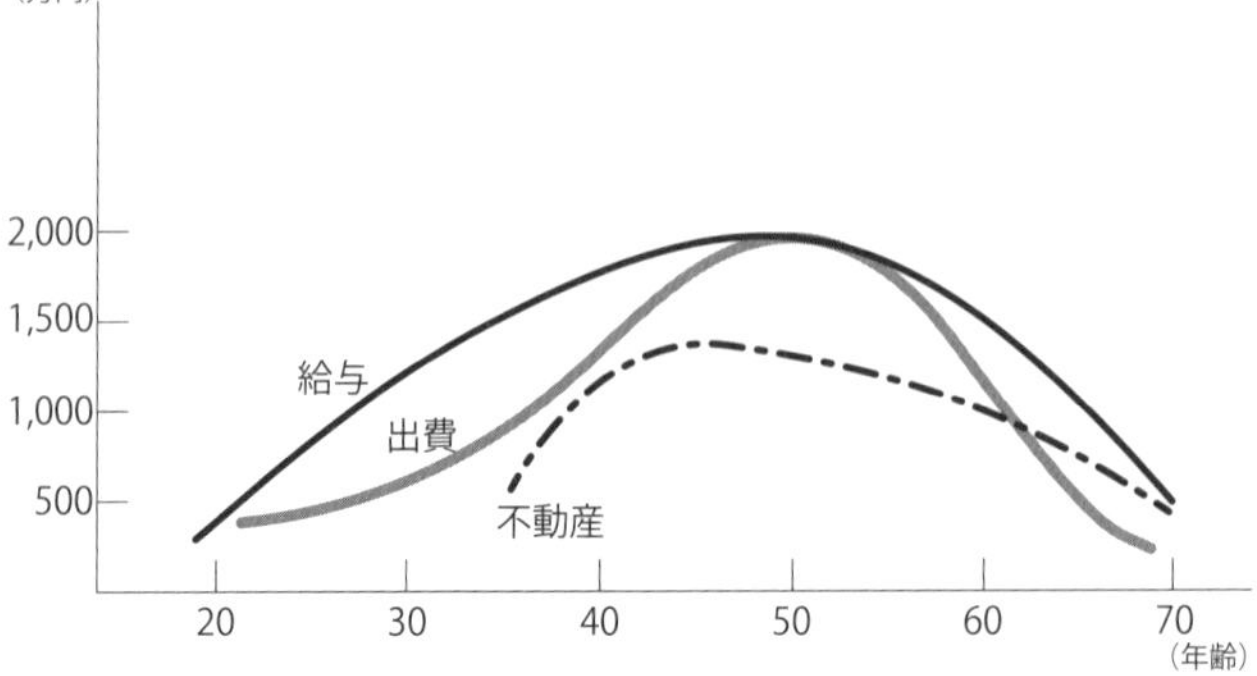


## 年齢グラフ

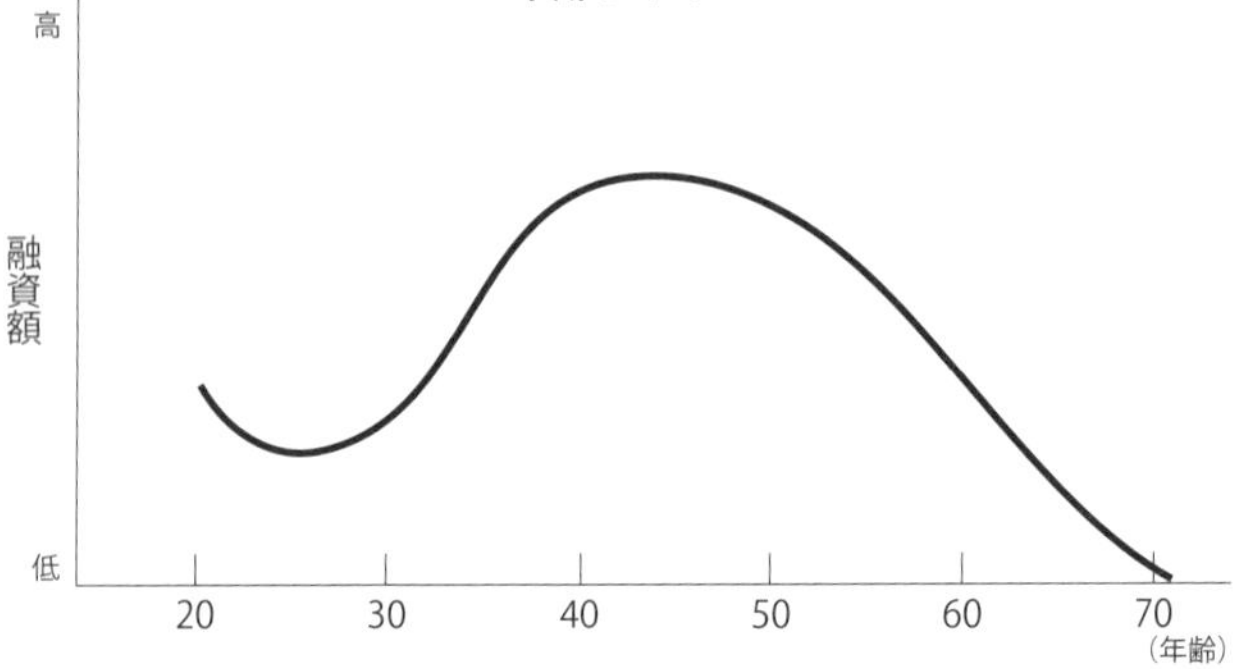


## ローン返済額と支払い金利のバランスイメージ（Y 銀行に軍配）

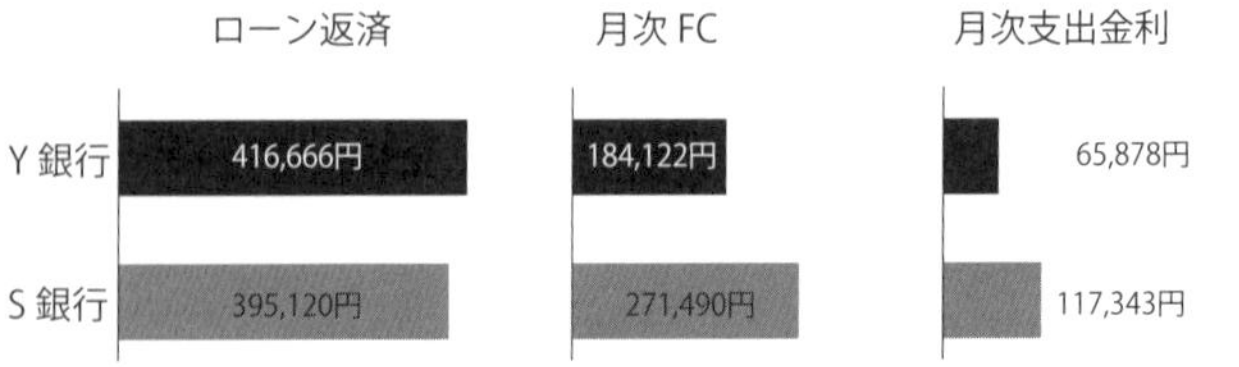

# 金利だけにこだわらない

不動産の賃貸経営においては、融資条件をどのように引くかがポイントです。その要素に「金利」「期間」「金額」があるのですが、なかでも最も欠かせないのは期間になります。なぜなら金額に関しては自己資金を投下しても、その後に売却することで自分に戻ってくるからです。

また、投資を安定させるためにも、ある程度の自己資金を投入することが必要です。金利に関しては融資を引いてから、ある程度の期間を経て金利交渉に応じてくれる金融機関も多数存在します。

ただし融資期間をあとから延ばすのは、いわゆるリスケジュールといい、銀行は非常に嫌がります。それは銀行から見ると正常債権から不良債権に変更するために期間を延ばす、いわゆるリスケジュールすることになるからです。

そのため重要なのは、物件取得に際し自己資金で賄うことができて、なおかつ退去が出て出費が増加したときにも、耐えられる自己資金を保有しながら物件取得できているか。

そして安定した賃貸経営ができるように期間を設定できているか。金利はもちろん低いに越したことはないですが、重要項目からは一歩外れます。

# 第4章

# 収入を増やすだけでなく出る金を減らすのも重要！高額の税負担を不動産で軽減する

# 投資としての不動産と税金

日本人がお金に対して不安が多いのは、子どもの頃からお金に対する勉強がなされていないという問題もあると思いますが、その一番の理由は、世界でも有数の税率が高い国だからでしょう。

先進国で最も経済成長率が低く、高齢化が進んだ日本は、法人税や所得税が高く、納税額の負担はとても大きいです。61ページ、62ページに記載したのは最近、私の会社の物件を購入したお客さまの実例です。

納税額が多いことが分かると思います。この税金をコントロールすることで、手に残る現金が大きく変化します。そして、タックスコントロールには不動産投資が最適です。

不動産の税金のポイントは、3つあります。1つ目は、個人保有の場合は不動産保有期間中の不動産所得は、総合課税で給与所得と一体で課税される点です。高額所得者の場合、

**■大手上場企業勤務　サラリーマンOさん**

| | |
|---|---|
| 年収 | 1,450万円 |
| | (給与1,000万円、賞与450万円) |
| 奥さま、子ども2人 | |
| 社会保険料給与分 | 129万4,368円 |
| 社会保険料賞与分 | 67万4,100円 |
| 所得税 | 139万7,500円 |
| 住民税 | 88万4,100円 |
| 住宅ローン控除(残債3,800万円) | 38万円 |

**■外資系企業勤務　サラリーマンNさん**

(世帯収入)

合計年収2,200万円

| | | |
|---|---|---|
| 夫の給与 | 1,000万円 | 賞与　200万円 |
| 妻の給与 | 800万円 | 賞与　200万円 |

社会保険料給与分　　賞与分

| | | |
|---|---|---|
| 夫 | 129万4,368円 | 29万9,600円 |
| 妻 | 118万9,428円 | 29万9,600円 |

所得税・住民税

| | | |
|---|---|---|
| (所) | 夫　119万8,400円 | 妻　78万8,600円 |
| (住) | 夫　79万7,600円 | 妻　60万8,000円 |

住宅ローン控除(残債3,800万円)38万円 ※夫分

**■外資系企業勤務　サラリーマンTさん**

| | |
|---|---|
| 年収 | 5,000 万円 |
| | （給与 3,200 万円、賞与 1,800 万円） |
| 奥さま、子ども 2 人 | |
| 社会保険料給与分 | 168 万 6,144 円 |
| 社会保険料賞与分 | 74 万 5,809 円 |
| 所得税 | 1,494 万 7,200 円 |
| 住民税 | 443 万 5,800 円 |
| 住宅ローン控除（残債 20,000 万円） | 0 円 |
| ※年収 3,000 万円以上のため | |

**■個人経営　Dさん**

| | |
|---|---|
| 年収 | 1,600 万円 |
| | （役員報酬 1,600 万円） |
| 扶養なし | |
| 国民健康保険 | 80 万円 |
| 国民年金 | 19 万 8,480 円 |
| 所得税 | 261 万 2,600 円 |
| 住民税 | 125 万 7,100 円 |
| 住宅ローン控除（残債 5,000 万円）1%で | 50 万円 |
| 実質可処分所得 | 1,163 万 1,820 円 |

不動産所得がプラスである場合、高い税率で課税されることになります。逆に、不動産所得がマイナスの場合は、高い税率の給与所得を落とすインパクトをもちます。

2つ目は、個人の場合は、短期譲渡（5年以内）の売却益は基本的に40％であるのに対して、長期譲渡（5年以上）の場合は20％となることです。

3つ目は、資産管理会社（法人）で保有している場合は、保有期間中の損益も売却損益もすべて、法人税の対象となることです。

これらのポイントを組み合わせて、投資戦略を考えることが重要となります。

さらに投資対象として不動産を考えた場合、次に挙げる戦略があります。

## 【戦略①】不動産購入を通じたキャピタルゲイン

アベノミクス以降、不動産市況も上昇傾向にあり、キャピタルゲインを狙うことも可能となっています。

直近でキャピタルゲインが出るパターンとしては、個人の都心のファミリーマンションが挙げられます。住宅ローンを用いて自宅用に都心のマンションを購入することも立派な不動産投資といえます。

マンション取得を不動産投資として考えた場合「住宅ローンという極めて低利な融資を使うことができる」「5年保有により長期譲渡の税率20％かつ控除を使うことにより売却益への課税が小さくなること」が挙げられます。

ただし投資として考えた場合は、相場高騰期に売却した場合、買い替えようとすると次の物件も高騰しているため、相場が今後下落するとみた場合には、物件価格が下落するまでは賃貸に移るといった選択も必要となります。

## 【戦略②】不動産購入を通じたインカムゲイン

資産管理会社で比較的高利回りのインカムゲインを狙う物件を保有することが挙げられます。代表的な戦略としては、資産管理会社による木造アパートの新築です。比較的長期間にわたり、しっかりとキャッシュフローが期待できる物件を保有し、インカムゲインを確保する戦略になります。個人で保有する場合、インカムは総合課税で課税されるため高額所得者の場合は、資産管理会社で保有したほうが税率上有利となります。

## 【戦略③】不動産購入を通じた節税

不動産購入を通じた節税には2つの種類があります。1つは、相続税評価を落とすための不動産購入、もう1つは、所得税を節税するための不動産購入です。

相続税評価を落とすための不動産購入としては、都心のタワーマンションの高層階の購入が挙げられます。あからさまなタイミングでの売買による租税回避行為と認定されないように注意する必要がありますが、大型マンションで敷地割合が低くなり、高層階のプレミアムが相続税評価に反映されないタワーマンションの高層階は、相続税評価を引き下げる効果をもちます。

次に、所得税を落とすための不動産購入としては、個人の場合、総合課税により不動産所得と給与所得は合算して課税され、加えて不動産の長期保有の場合の売却の税率は20%であることに着目したスキームです。これにより、最大55%の所得税を下げて、20%の不動産の売却益の課税にすることが可能です。

なお節税には3つの方法があります。1つ目は、課税の繰り延べです。課税されるタイミングを遅らせることにより、手元に現金を確保する形です。

2つ目の節税は、税率の平準化です。累進課税の場合、単年度に多額の利益が出ると税率が高くなるため平準化し、税率をならすことができます。

3つ目の節税方法は、違う税率で課税するようにすることです。不動産購入を通じて、高所得者の場合、総合課税の税率（最大55％）部分の所得を減らして、長期譲渡課税（20％）の部分で課税することにより節税を図るものです。この譲渡課税については71ページに税率の表がありますので、参考にしてください。

# 不動産投資を行うべき3タイプ

そもそも、なぜ、この不動産投資が昔からあり、評価を得ているのでしょうか。購入する側に立ってみると、以下の3種類に分かれます。

**●不動産の購入客の種類**

ケース1　年収がそこまで高くなく、第2の収入を増やしたい人（超長期インカム目当て）

ケース2　それなりの年収があるものの、手元に資金が残らないので収入を増やしたい人（インカム＋キャピタルの繰り返し目当て）
ケース3　高所得者ではあるけれど、税金の支払いが多いので節税したい人（節税、キャピタル目当て）

サラリーマンの方は、ケース1～3のすべてに存在します。ケース1は不動産投資を副業のように考えているケースです。給与収入に加えて10万円、20万円といった形で、プラスアルファの収入を得たいと考えるそうです。

ケース2は不動産投資を事業として捉え、家賃収入というインカムゲイン（運用益）と物件売却というキャピタルゲイン（売却益）の両方を狙っていく層です。ある程度の属性と資金力は必要ですが、きちんと物件選定をすることで人によってはサラリーマンの本業をリタイアして、専業になれるほどの規模拡大も可能です。

ケース3は、いわゆる高所得者で不動産投資を節税対策ツールと考えている層です。なにもしなければ所得税が収入を圧迫するため、不動産投資を行うことで節税となり、手残りが増えます。

ケース1から3のすべてにサラリーマンがいると書きましたが、地主は2か3のどちらかに該当するケースがほとんどで、経営者のなかには3に該当する方も多いです。

## 主な不動産の売却理由

ここでは売主の状況を分析します。基本的に売主側の心理においては、不動産をなるべく高く売りたい気持ちが強いです。売却したい理由はさまざまですが、多いものを列挙すると次のようなものがあります。

・そもそもアパート事業の利益が出ず、資産整理のための売却
・家主死去により、相続税納税資金のための売却
・資産入替により、売却益を出すための売却

その多くはネガティブな理由での売却です。なかでも築30年前後の不動産の売却が多い

のですが、30年前の不動産価格は相当高いバブル期のものになります。現在の不動産の売却価格からすると、坪単価にして2倍以上しているものが多く、そもそも売却に関してはネガティブですが、売らなければならないために高く売りたい気持ちが強くなります。

高齢のために追加で借入を起こすモチベーションは残っておらず、後世に迷惑を掛けないように売却を目論むのが一般的です。ただ、現在はコロナ禍の緊急事態宣言などでいろいろな不動産会社に会えない関係で、売主が売却するモチベーションがそれほど大きくありません。

そのために、売らなければならない人しか売っていないので商品が少なく、これに反して買い手は相当数存在するために不動産価格は高めに推移しているのが現在の状況です。

もちろん、高い物件ばかりではありません。一方で、安くなければ売れないものも存在します。それは不動産自体になんらかの問題を抱えているものです。

私自身は、そのような安くないと売れない（再建築不可物件・瑕疵物件・違法建築物件・破産案件・不動産会社のローン流れ案件など）ものに手を加えて仕入業務を行っています。

## 減価償却による節税効果

不動産投資において、最も効果が大きいのは「減価償却」による節税です。減価償却とは建物の価値は時間の経過とともに減少していくという前提のもとに、キャッシュアウトしない税務上の損失を計上することです。そのため減価償却で赤字になっても、キャッシュフローとしては黒字となります。

このスキームの鍵は、保有する建物の減価償却が大きい場合、不動産所得は赤字になり、その赤字は給与所得と合算することにより、給与所得も減少させることが可能となる点です。高所得者の場合、建物の減価償却により最大55％の税率の部分の節税を行い、簿価が減少したことにより大きくなる売却益に関しては20％の税率で行うというものです。

例えば、物件価格1億円で、建物価値が50％の耐用年数オーバーの木造アパートの場合を例にとって考えてみます。耐用年数オーバーの木造建築の場合、便宜上4年で償却することになり、5000÷4で毎年1250万円の減価償却費を計上できます。

所得税の課税方法には「総合課税」と「分離課税」があります。給与所得や不動産所得

### 中古不動産の償却期間の簡便法の計算方法

| | | |
|---|---|---|
| RC | 47年×0.2=9.4年 | → 9年以上 |
| 重量鉄骨造 | 34年×0.2=6.8年 | → 6年以上 |
| 軽量鉄骨造 | 19年×0.2=3.8年 | → 3年以上 |
| 木造 | 22年×0.2=4.4年 | → 4年以上 |

### 簡便法表

| | 所得期間 | 所得税 | 住民税 |
|---|---|---|---|
| 長期譲渡所得 | 5年超 | 15% | 5% |
| 短期譲渡所得 | 5年以下 | 30% | 9% |

は総合課税の対象です。これらの所得は合算することができ、合計額に対して累進課税により課税します。

仮に給与による課税所得が6000万円であれば、4000万円を超える部分の所得税率が55%になります。年間1250万円の減価償却により不動産所得がマイナスになれば、その分だけ課税所得が減額され節税効果をもたらします。これを損益通算といいます。

ただし、売却時には減価償却した建物価値は、簿価が減りますので、建物償却した5000万円分に関しては、売却益を計上することになります。ただし、その売却益の税率は20%です。仮に、買ったときと同じ値段で売れたとすると、5000万円×20%＝1000万円は課税されますが、2750万円－1000万円＝1750万円の節税効果をもちます。

1つ注意する点は、不動産の長期譲渡の場合の売却益が20％であり、短期譲渡の場合は、39％と税率が高い点です。

個人で不動産を売却したときの税金は1月1日にすでに物件を保有しており、丸5年を経過したものを売却した場合は長期譲渡益として所得税15％・住民税5％、合計20％の税がかかります。それより前に売却した際は短期譲渡としての課税となり、所得税30％・住民税9％、合計39％の税がかかってしまいます。

長期譲渡益として12月に取得した際には5年1カ月超、1月に取得した場合は6年1カ月経過することで長期譲渡益に切り替わります。このメリットを取るためには、多額の減価償却費を計上する必要があります。そこで、中古の耐用年数オーバーの不動産に注目します。

この場合、短い年数で償却できることがポイントとなるため、法定耐用年数の長いRC造以外のものが、償却にとっては効率の良い案件に該当することになります。

# 過去のものとなった海外不動産節税スキーム

この減価償却の仕組みに注目したものが、アメリカを中心とした海外不動産で行うスキームです。2021年から会計検査院の指摘により税制が改正され実質上できなくなっています。

メリットは、アメリカでは築古の木造においても固定資産税評価のうち建物の評価がとても高く、1棟の戸建てを購入する場合にも70〜80%が建物評価となり、減価償却が取りやすいこと、アメリカの中古不動産は経年による売却価格の下落があまりないため、売却時の出口が見やすいといったことも挙げられます。

デメリットは、一般的に融資は使いにくいという点です。日本の金融機関は基本的に海外不動産投資に関して融資を行いませんし、英語などのハードルを越えて、仮に現地金融機関から融資を引いたとしても、非居住者に対しては、融資比率は限定的になります。

## 国内不動産による償却案件投資法

海外不動産投資による節税が実質上、禁じられたこともあり、最近注目度が増しているのが、国内築古不動産による節税です。

メリットは、国内金融機関が融資可能であるという点です。耐用年数オーバーの不動産でありますが、対象となるような高額所得者の場合、高比率での融資が可能となり、高い投資リターンが望めます。

デメリットとしては、物件があまりないことです。一般的な、耐用年数オーバーの不動産物件の場合、固定資産税評価ベースでの建物割合は低くなり、減価償却できる部分は限定的です。耐用年数オーバーではあるが、リニューアルなどの建物に対する投資が行われており、建物比率が高い設定の築古物件は市場にあまり存在しません。

しかし、私の経営する会社では5年間価格が下がらない、かつ大幅なリノベーションをほどこして、資産価値が上がる物件を継続して供給することで支持を得ています。次項では日本不動産の償却案件投資法の実例を紹介します。

## ■某外資系企業勤務　営業部長Sさん

年収6500万円　金融資産1億5000万円

今までSさんは給与所得が月額350万円、賞与が2300万円でした。独身のため配偶者控除と扶養控除がなく、基礎控除のみの社会保険料控除でした。

給与の源泉所得税が月額112万5620円、年額1350万7440円

賞与の源泉所得税は1056万7350円。

住民税ですが、前年度の年収が6000万円でしたので基礎控除33万円、社会保険料控除として健康保険6万8666円×12カ月、厚生年金5万6730円×12カ月を引いたものに10％を掛けたもので年額581万6524円でしたので、所得税と住民税を合わせると2989万1314円もの高額納税をなされています。

そこでJR横浜線矢部駅にある物件を購入しました（物件概要は76ページ）。

Sさんがこちらの物件を取得することで、建物減価償却費用2200万円＋金利

## Sさんの購入物件概要

JR横浜線矢部駅徒歩10分

重量鉄骨造築30年　12世帯

| | |
|---|---|
| 購入価格 | 1億6,500万円 |
| 利回り10% | |
| 建物価格 | 1億1,000万円 |
| 土地価格 | 5,500万円 |

融資Y銀行　玉川支店

| | |
|---|---|
| 融資額 | 1億6,000万円 |
| 金利1.5%　融資期間20年 | |
| 自己資金 | 1,160万円 |
| 月額返済 | 116.8万円 |
| 年間返済約 | 1,390万円 |

家賃収入1,652万円の85%

（管理経費、固都税を除く）は1,400万円

| | |
|---|---|
| 金利年間 | 126万円 |
| 建物減価償却費用 | 2,200万円／年　※5年間 |

126万円から受取家賃1400万円が引かれるので、約926万円の所得圧縮が可能となりました。
源泉所得税、および住民税で引かれていた2989万1314円から、約926万円の還付を受けることができました。
また、物件ローンの元本返済も800万円の返済ができていますので、5年間で計算すると所得税還付が4630万円、物件の残債も4000万円減少し、1億2000万円になっています。
表面利回りと税効果を計算した利回りを比較すると、
家賃収入1652万円÷購入価格1億6500万円×100%＝10%
家賃収入1652万円＋圧縮税効果926万円÷購入価格1億6500万円×100%＝15・6%
このように非常にSさんの属性とマッチングした税効果の高い物件を取得できたことが分かります。

## ■某国内企業勤務　Nさん

年収2000万円　金融資産8000万円

Nさんは奥さまと子どもの3人家族です。給与所得は約1200万円、賞与が800万円でした。

給与の源泉所得税が月額9万5280円、年額114万3360円
賞与の源泉所得税は367万5600円となり、合計では481万8960円

住民税ですが、昨年度の年収も同様の2000万円でしたので基礎控除33万円、扶養控除38万円、配偶者控除38万円を引き、社会保険料控除として健康保険5万830円×12カ月、厚生年金5万9475円×12カ月を引いたものに、10％をかけたもので年額175万8634円でした。所得税と住民税を合わせると、657万7594円もの納税をなされています。

そこで、JR横浜線橋本駅にある物件を提案しました（物件概要は79ページ）。

## Nさんの購入物件概要

JR横浜線橋本駅徒歩10分

軽量鉄骨造築30年　8世帯

| | |
|---|---|
| 購入価格 | 1億円 |
| 利回り8.8% | |
| 建物価格 | 6,500万円 |
| 土地価格 | 3,500万円 |

融資S銀行　東京支店

| | |
|---|---|
| 融資額 | 1億円 |
| 金利2.45%　融資期間30年 | |
| 自己資金 | 400万円 |
| 月額返済 | 39.2万円 |
| 年間返済約 | 470.4万円 |

家賃収入850万円の85%（管理経費、固都税を除く）

| | |
|---|---|
| が可処分所得 | 722.5万円 |
| 金利年間 | 約137万円 |
| 建物減価償却費用 | 1,300万円／年　※5年間 |

今回Nさんがこの物件を取得すると、建物減価償却費用１３００万円＋金利１３７万円から、受取家賃７２２万５０００円を引くことで７１４万５０００円の所得圧縮がなされます。源泉所得税、および住民税で引かれていた６５７万６８５０円から約７１４万円の還付を受けることができました。

また、物件ローンの元本返済も３３３万円の返済ができ、ローン返済後のキャッシュフローも２５２万円が出ます。５年間で計算すると所得税還付が３５７０万円、物件の残債は５年で１６６５万円減少し、８３３５万円になっています。

表面利回りと税効果を計算した利回りを比較すると、次のように算出されます。

８５０万円÷１万×１００％　　　　＝８・５％
（８５０万円＋６５７万円）÷１万×１００％＝15・７％

こちらもNさんの属性にマッチングした物件取得です。ただし受取家賃が今後も上昇すればよいのですが、多少の下落傾向にある場合は未償却金約57万円が膨らむ可能性があります。そのため建物減価償却期間を5年ではなく、６年に設定する必要があります。

# 保険商品としての新築区分マンション

私自身は取り扱いをしていないのですが、新築区分マンションを保険代わりに販売をしている不動産会社も非常に多くあります。

新築区分マンションは利回り5～6％前後であり、減価償却も47年となりますので私から見ると決して良い商品とは思えないのですが、販売会社の提案内容をお伝えすると「通常の生命保険と変わらない金額で新築マンションを購入できます。団信（団体信用生命保険）付きなので生命保険代わりになります」というものです。

加えて「購入すると初年度は購入諸費用が経費になりますので、50万円前後所得税が戻ってきますよ」「取得後3年前後は赤字計上できるので所得税が戻りますよ」「サブリースで安心ですよ」などと耳障りが良い提案をしてきますが、実際は銀行返済額より受取家賃のほうが少ないため利益を得るのは難しいうえ、節税効果もさほどありません。

メリットとしては、一棟投資と比較すると、相対的に投資金額が小さいので、ハードルが低いことですが、デメリットとしては、前述したように投資として採算が成り立たないケースが多い点です。

このように、投資商品ごとにリスクとリターンを解説してきましたが、それが私の本業であるということもありますが、私としては、不動産投資のリスクリターンは優れているのではないかと考えています。

その理由は、リスク／リターンが相対的には低いなかで、融資の利用や税金面でのメリットを享受することにより、リターンを高めることができるからです。

ドローンやビケ足場のような償却目的の節税は、一時キャッシュを大きく捻出して一時的に所得税を次年度に繰り越すイメージになりますが、不動産の減価償却スキームは5年間の所得圧縮を図ることができます。

ですから5年以内に給与の減少の見込みがないであろう方は、収益用不動産の減価償却スキームがお勧めです。

# 第5章

# 融資と減価償却が肝！失敗しない物件を見極める

## どんな情勢にも強いのは住居系不動産

２０２１年１月８日、コロナ禍により２回目の緊急事態宣言が出ました。夜の８時以降の不要不急の外出自粛、飲食業は夜８時閉店として、酒類の提供を午前11時から午後７時までに制限、テレワーク勤務を７割にすること、イベントの人数規制開催などの要請が発令されました。

コロナ禍による影響を受けやすい第３次サービス業の倒産を防止するために国より給付金や補助金が出ていますが、一方で影響を受けていない業種も数多くあります。そのような方は現在の収入が減少しないうちに、さまざまな優れた面をもっている不動産運用について検討することをお勧めします。

また、コロナ禍による給付金や補助金を受けた企業の資金が多く流れ込んでいるのは金融市場、不動産市場です。

２月15日で日経平均は30年半ぶりに３万円の大台を回復しました。コロナ禍の影響を受けていないＩＣＴ（情報通信技術）やゲームなど、幅広く株は上がっています。ビットコインはここ1年で4倍になっています。

不動産市場についていえば、現在は全体的には購入希望者が多いために売り手市場です。しかし、そのなかでも住居系の一棟アパート、マンションには株式投資や投資信託にはない優位性があります。ここではその優位性について紹介します。

# 最新銀行情報により選ぶ物件は変わる

不動産投資の利点は、融資を使っての他人資本で賃貸経営に取り組めることです。現在のところメガバンク、地方銀行、信用金庫・信用組合、信販系金融機関といった種類があります。

最近の不動産融資の実情を、銀行ごとに分けて解説していきます。

## ・メガバンク

総じてサラリーマンの不動産融資には後ろ向きで、会社経営者の新事業活動としての不動産融資には、会社の業績に応じて融資が可能という現状です。

もともと金利が安いものの、門戸が狭いメガバンクは融資の難易度は高く、反して相続税対策での地主向け融資には継続的に融資を出しています。

サラリーマン向け不動産融資　↓×
会社向け、会社経営者向け不動産融資　↓△
地主向け不動産融資　↓○

**・地方銀行**

全体的には審査が厳しいですが、一部の地方銀行ではサラリーマン向けに不動産融資を貸し出しています。なお保証会社を活用してのアパートローンというパッケージ商品を出しているのは、1都3県では日本保証と提携しているいくつかの地方銀行のみです。

既存取引先である場合、会社経営者や企業には物件次第で融資をしてくれる可能性もあります。相続税対策としての地主向け融資は継続的に出ている状況です。

サラリーマン向け不動産融資　↓一部〇
会社向け、会社経営者向け不動産融資　↓〇
地主向け不動産融資　↓〇

### ・信用金庫・信用組合

地方銀行と同様でサラリーマン向けの不動産融資はかなり難易度が高い状況です。業績がある程度安定している企業には、比較的不動産融資は出ています。特に融資総額に占める不動産の割合が高い、信用金庫と信用組合に関しては積極的といえるでしょう。

サラリーマン向け不動産投資　↓〇（融資は属性次第だが難易度は高い）
会社向け、会社経営者向け不動産融資　↓◎
地主向け不動産融資　↓〇

第3章でも述べましたが、一棟ものの不動産投資はフルローンこそ地主特有のものとなり、サラリーマンが投資することはほとんどなくなりました。それでも自己資金を回収で

きるスピードを考えると優位性があります。

例えば、利回り10%の物件を自己資金20%で取得した場合で計算してみましょう。諸経費を7%・運用経費20%と見積もると、3年8カ月で27%分を回収できることになります。加えて連動する本業の所得税率が高ければ高いほど有利になります。

会社経営者、地主の方はサラリーマン以上に融資条件を良くできますので、収入の第2の柱としては非常に優れています。地主さんで不動産事業以外に事業をされていない方が大多数なのは、借入資本でできる事業であることが一番の理由です。

それでは、実際の事例を見ていきます。

■商社勤務Gさん　年収1030万円　金融資産2500万円

物件取得　八王子駅徒歩10分　鉄骨造3F　築30年
物件価格7000万円　満室想定家賃630万円　想定利回り9・0%

Gさんの物件は土地の資産価値が路線価格で約2500万円付いていました。そのため

### Gさんの融資アレンジ

**O銀行**

融資額　　　　　　　6,300万円

金利2.3%　期間25年

自己資金　　　　　　　700万円 ＋諸経費280万円

月次返済額　　　27万6,325円

運用経費25%（空室率・管理フィー・固都税・修繕経費）

**税引き前キャッシュフロー**

630万円表面満室家賃×（1 − 0.25）運用経費−
（27万6,325円× 12カ月）ローン＝
140万9,100円× 5年＝約700万円

**年間元本返済額**

21万円× 12カ月＝ 252万円

所得税圧縮　約250万円× 5年＝約1,250万円

残りを建物評価にして４５００万円としました。

償却期間に対しては耐用年数が過ぎていましたので期間設定19年×０・２＝３・８年で3年以上の償却期間を選定できます。

建物４５００万円に対して9年の償却期間にすると、４５００万円÷９年＝５００万円となり、５００万円の減価償却費となります。この金額を9年間償却することで不動産所得による課税が抑えられます。

同じく建物４５００万円に対して6年の償却期間にすると、４５００万円÷６年＝７５０万円となり、７５０万円の減価償却費となります。不動産所得に合わせてGさんの給与所得の課税を抑えるには、７５０万円が有効ということで、後者を選択しました。

Gさんはそこまで属性が高いわけではありませんが、融資を引けたことにより受取家賃１４０万円と、所得税支払いの２５０万円の還付を年間で得られました。5年間の所得税圧縮額は約１２５０万円になります。その資金を活用して6年間で教育資金を貯める計画とのことでした。

## オススメは価値が下落しない「土地値不動産」

私はこのような物件を「土地値不動産」と呼んでブランド化しています。特に一棟ものの不動産の土地値は、1都3県ではそう簡単には減価しないところが強みでもあります。主な特徴としては資産性の高さですが、物件は築古物件に限られます。このような商品は地主さんが資産整理のために売却されるケースが多くあります。

地主さんの場合、もともと農地として保有している土地がとても広く「資産価値が高い物件を相続税対策で売却する」という理由がまず1つ。

都内23区など坪単価が高い好立地でありながら、築年数が古くなり修繕費用が毎年嵩んでしまうために、売却活動をスタートさせたものの、「築古物件の融資は難易度が高く、なかなか売れないために売買価格を下げて売る」という、この2つのパターンが存在します。

また、新築アパート・マンションと中古アパート・マンションでは、かかる修繕費用が変わってきます。そのため、中古物件の修繕をどこまでやるのかを考え、その費用算出を概算で出し、計画的に修繕を行っていくことが必要です。

ただし、その修繕費用を考えても購入額と土地の実勢価格、路線価格が近いものは物件の評価が落ちないために、出口（売却）がある程度見えやすくなるメリットがあります。

この資産性、いわゆる担保価値については不動産投資特有のものであり、強みといえます。

それでは実勢土地値に近い不動産の実際の取引事例を見ていきます。

**■会社経営者Iさん　年収6000万円　金融資産4億円**

物件取得　武蔵小金井駅徒歩10分　木造2F　築30年
物件価格9000万円　満室想定家賃720万円　想定利回り8・0％
土地66坪　実勢土地値8580万円　路線価格5940万円

Iさんの物件は、建物の大規模修繕履歴が複数残っていました。そのため、残りを建物評価にして5500万円としました。

償却期間に対しては耐用年数が過ぎていましたので、

### Ｉさんの融資アレンジ

**Ｙ銀行**

融資額　　　　　　7,200万円

金利11.5%　期間25年

自己資金　　　　　1,800万円 ＋諸経費360万円

月次返済額　　28万7,954円

運用経費25%（空室率・管理フィー・固都税・修繕経費）

**税引き前キャッシュフロー**

720万円表面満室家賃×（1 － 0.25）運用経費 －

（28万7,954円× 12カ月）ローン ＝

194万4,552円× 5

**年間元本返済額**

24万円× 12カ月 ＝ 288万円

所得税圧縮　約944万円× 5年＝約4,724万円

※5年目でデッドクロスが起こるので追加取得予定

期間設定22年×0・2＝4・4年で、4年以上の償却期間を選定できます。
家賃の課税を抑えるための年間の建物減価償却費用は約500万円

5500万円÷500万円＝11年

家賃と給与の課税を抑えるための年間の建物減価償却費用は、年間約5500万円もかかってしまうので、Iさんには最短の4年での償却を提案しました。結果として、5500万円÷4年＝1375万円の償却を1年で取ることが可能です。

それによりIさんは、受取家賃194万円と所得税約944万円の還付を年間で得ることができました。5年後に減価償却切れ（デッドクロス）を起こしますが、5年目に追加物件の購入を予定しています。

■会社経営者Zさん　法人の経常利益3000万円　金融資産1億円

物件取得　武蔵小杉駅徒歩17分　軽量鉄骨造2F　築25年
物件価格5000万円　満室想定家賃375万円　想定利回り7・5%
土地38坪　実勢土地値4940万円　路線価格3800万円

運輸業を営んでいるZさんは、このコロナ禍において売上を維持するとともに、別の形でTAXコントロールを考えており、節税対策として私の会社の物件に興味をもっていただきました。

物件においては建物価格を3000万円としました。

償却期間に対しては耐用年数が過ぎていましたので

期間設定19年×0・2＝3・8年で3年以上の償却期間を取ります。

家賃の課税を抑えるための、年間の建物減価償却費用は約300万円

3000万円÷300万円＝10年

## Ｚさんの融資アレンジ

**ＹＴ銀行**

融資額　　　　　　4,000 万円

金利 1.8%　期間 20 年

自己資金　　　　　1,000 万円 ＋ 諸経費 200 万円

月次返済額　19 万 8,586 円

運用経費 25%（空室率・管理フィー・固都税・修繕経費）

**税引き前キャッシュフロー**

375万円表面満室家賃×（1 － 0.25）運用経費－（19 万 8,586 円× 12 カ月）ローン＝42 万 9,468 円× 3 年

**年間元本返済額**

16 万 6,666 円× 12 カ月＝ 199 万 9,992 円

所得税圧縮　約 954 万円× 3 年＝約 2,862 万円

※ 4 年目でデッドクロスが起こるので追加取得予定

家賃と法人税の課税を抑えるための年間の建物減価償却費用は年間約3300万円かかります。Zさんには最短の3年での償却を提案し、結果として3000万円÷3年=1000万円の償却を1年で取ることが可能となりました。

それにより受取家賃46万円と法人税954万円の還付を年間で得ることができました。

## 再投資による利益の最大化

投下した自己資金が売却によって戻り、さらにその資金を元手に再投資することで運用益を最大化させる方法です。いわゆる複利で運用が可能であることをいいたいのですが、まず1棟目で5年保有して売却をしたとします。

その利益を再投資に回すことになると、投資規模が1棟目より大きくなります。そのため5年間保有としたあとに売却を2ターン進めると投資効率が大きくなります。

■外資系証券会社勤務Tさん　年収5000万円　金融資産5億円

物件取得　海老名駅徒歩16分　軽量鉄骨造2F　築30年
物件価格8000万円　満室想定家賃640万円　想定利回り8・0％
土地121坪　実勢土地値9680万円　路線価格8470万円

Tさんの物件は、建物の大規模修繕履歴が複数残っていました。そのため、残りを建物評価にして5600万円としました。

償却期間に対しては耐用年数が過ぎていましたので
期間設定19年×0・2＝3・8年で3年以上の償却期間を選定できます。
家賃の課税を抑えるための年間の建物減価償却費用は約420万円

5600万円÷420万円＝13・3年

家賃と給与の課税を抑え、なおかつ売却する際に長期譲渡益にて出口を迎えるために、減価償却期間を6年としました。

Ｔさんの融資アレンジ（1 棟目）

**ＹＴ銀行**

融資額　7,200 万円

金利 1.5%　期間 25 年

自己資金　800 万円 ＋諸経費 320 万円

月次返済額　28 万 7,954 円

運用経費 25%（空室率・管理フィー・固都税・修繕経費）

**税引き前キャッシュフロー**

640 万円表面満室家賃×（1 － 0.25）運用経費 －
（28 万 7,954 円×12 カ月）ローン＝
134 万 4,552 円

**年間元本返済額**

24 万円× 12 カ月＝ 288 万円

5600万円÷6年=933万3333円の償却を1年で取ることが可能となりました。それにより受取家賃134万円と、所得税933万3333円の圧縮を年間で得ることができました。

その後5年を過ぎましたので、Tさん同様に本業の節税を図りたい方に物件の紹介をしました。

| | |
|---|---|
| 売却価格 | 7550万円 |
| 売却時の簿価 | 2400万円 |
| ローン残高 | 5967万4001円 |
| 譲渡費用 | 302万円 |

このような条件で販売を開始しましたが、1カ月以内で無事成約することができました。

Tさんは本物件での結果として

期間中CF134万4552円×5年=**6722万2760円**

所得税圧縮　933万3333円×5年＝**4666万6665円**
売却益7550万円－5967万4001円－302万円＝1280万5999円
譲渡所得税　984万8500円のため
税引き後CF **295万7499円**となり
期間中CF、所得税圧縮、売却時CFの合計で**5634万6924円**の利益を得ることができました。

Tさんと打ち合わせを行い、この5600万円を次の投資に回すことにしました。次にTさんへ紹介した物件は、同様に土地値に近いものとしました。

> 物件取得　相原駅徒歩6分　木造2F×2棟　築27年
> 物件価格 1億1680万円　満室想定家賃876万円　想定利回り7・5%
> 土地308・2坪　実勢土地値 1億2320万円　路線価格 9246万円

Tさんの物件は、建物の大規模修繕履歴が複数残っていました。そのため、残りを建物

### Tさんの融資アレンジ（2棟目）

**Y銀行**

融資額　　1億512万円

金利1.2%　期間25年

自己資金　　1,168万円 ＋ 諸経費467万2,000円

月次返済額 40万5,757円

運用経費25%（空室率・管理フィー・固都税・修繕経費）

**税引き前キャッシュフロー**

32万4,243円×12カ月

表面満室家賃×（1－0.25）運用経費－
（40万5,757円×12カ月）ローン＝
195万897円

**年間元本返済額**

24万円×12カ月＝288万円

評価にして5500万円としました。

償却期間に対しては耐用年数が過ぎていましたので

期間設定22年×0・2＝4・4年で4年以上の償却期間を選定できます。

家賃の課税を抑えるための年間の建物減価償却費用は約500万円

5500万円÷500万円＝11年

家賃と給与の課税を抑えるための年間の建物減価償却費用は、年間約5500万円もかかってしまいます。Tさんには最短の4年での償却を提案しました。

結果として5500万円÷4年＝1375万円の償却を1年で取ることが可能です。

それによりTさんは、受取家賃194万円と所得税1181万円の還付を年間で得ることができました。5年後に減価償却切れ（デッドクロス）を起こしますが、5年目がTさんの定年退職のスケジュールになっています。そのため、

| | |
|---|---|
| 1棟目の自己資金 | ▲1,120万円 |
| 1棟目のCF合計 | 5,634万6,924円 |
| 2棟目の自己資金 | ▲1,635万2,000円 |
| 2棟目のCF合計 | 5,500万円 |
| <u>合計</u> | <u>8,379万4,924円</u> |

となり、10年間で8379万円の利益を得ることができました。

このように株式投資や投資信託、ビットコインなどの金融商品と違い、不動産投資は独自のメリットがあります。不動産の長所を理解したうえで不動産事業を始めることを是非お勧めします。

# これが重要！　立地の選び方

収益用不動産の選定のなかで、主要なものとして挙げられるのが「立地」となります。
私もお客さまから物件について質問を受ける際に、立地について説明をすることがとても多いです。なぜなら、立地は変えることができないものだからです。

・建物を取り壊して更地で売却する
・賃貸経営において高入居率を維持する

いずれの場合においても立地は重視すべき点です。まれに新駅ができて立地が良くなることもありますが、ほとんどの土地の立地は変わりません。

立地を選ぶうえでのポイントが２つあります。

１つは吉祥寺や荻窪といったエリアで判断するものです。そこの都市のポテンシャルは急に下落する可能性は少ないので、ある程度人気のあるエリアであることは不可欠です。

もう1つはその物件を見て「継続的に賃貸できる物件なのかどうか」「家賃はいくら取れるのか」「更地で売却したら土地がいくらで売れるのか」という3つの観点から検討します。

傾斜地であり、その坂の上であったりすると高齢者の賃貸は望めません。駅から遠い陸の孤島である場合でバス停や駐車場もなければ、賃貸が徐々に厳しくなる可能性がありま す。このように不動産は個別性が強いので、「立地」については非常に注意が必要です。

## 物件選定において積算評価を重視すべき？

また、土地の価値（評価）を考える基準もさまざまです。

例えば、「土地の評価は高いけれど崖地を背負っているため、実際に使える土地はそんなに大きくない」「築30年のRC造だけれど、建物の割合が7割ぐらいなので築40年になると、原価率が非常に大きい」などです。

銀行はアパートローンの担保評価として積算評価を見ます。しかし、本当の意味での積算の担保評価とは「宅地にできる土地の評価がどのくらいあるのか」だと考えています。そのため、融資が付く不動産と、私たちが考える良い不動産には乖離が生まれます。

実際に融資が付くからといって、出口がしっかり取れるわけではありません。しかし、多くの人は「融資が付くから不動産を買おう」と安易に考えがちです。この考え方が積算主義です。

## 中古物件と新築物件の違い、長所短所について

中古物件と新築物件はそれぞれ長所と短所があります。

中古の場合は建物が劣化してきていますので、物件の価格については中古のほうが安い場合がほとんどです。当然ですが建物が劣化していくため給水管・排水管・消防設備・給湯器・エアコン・洗面化粧台・キッチンなどの設備、屋根・外壁・ポストボックス・玄関扉などの外装に関しては傷み具合によって補修が必要になります。

そのため、中古に関しては修繕費用を見立てておくことが必要であり、全室に入居する

までの費用は、物件購入価格に上乗せされる取得費用と考えるのが妥当です。また、その後に退去が重なったとしても修繕費用が捻出できるように、毎月回収する家賃から退去に伴う原状回復工事の積み立てをしておくのがよいでしょう。

これは別口座にしておく、もしくは管理会社へ前払いするべきといっているわけではなく、退去は「ある一定期間に発生するもの」として収支計算し、現金を蓄えておいたほうがよいという意味です。

そのため私の会社では室内部分の修繕として、次の修繕積立金を予備しておくことをお勧めしています。

**●修繕積立金の目安**

・1K（延床面積25㎡まで）
24カ月ごとに退去／単価5000円／24カ月で12万円

・2K以上（延床面積25㎡以上）
48カ月ごと退去／単価1万円／48カ月で48万円

1K、2K以上の原状回復工事費用としては、クリーニング、クロスの張替え、フローリング補修もしくは交換、巾木補修もしくは交換などが該当すると思いますが、まずは最低限の修繕積立金を用意しておくことが必要です。

一方で新築物件の優位性としては、約10年間は外装工事の補修がいらないこと、室内の原状回復工事についても、設備の入替などは10年以内に発生するのはまれです。クリーニングのみで次の入居者を募集できる可能性が高いです。

そうなると、中古物件で必要とお話しした修繕積立金も、新築の場合は維持しておく必要性が少なくなります。特に築10年前後で売却を予定している場合は、築10年以降から徐々に発生する外装工事や設備のリニューアルなどがないため、維持費が少なく賃貸経営できるのがメリットです。

また収益用不動産は、中古よりは新築アパートのほうが不動産融資を引くことができる可能性が現状では高く、そのため築10年で売却するにしても売りやすいといえます。

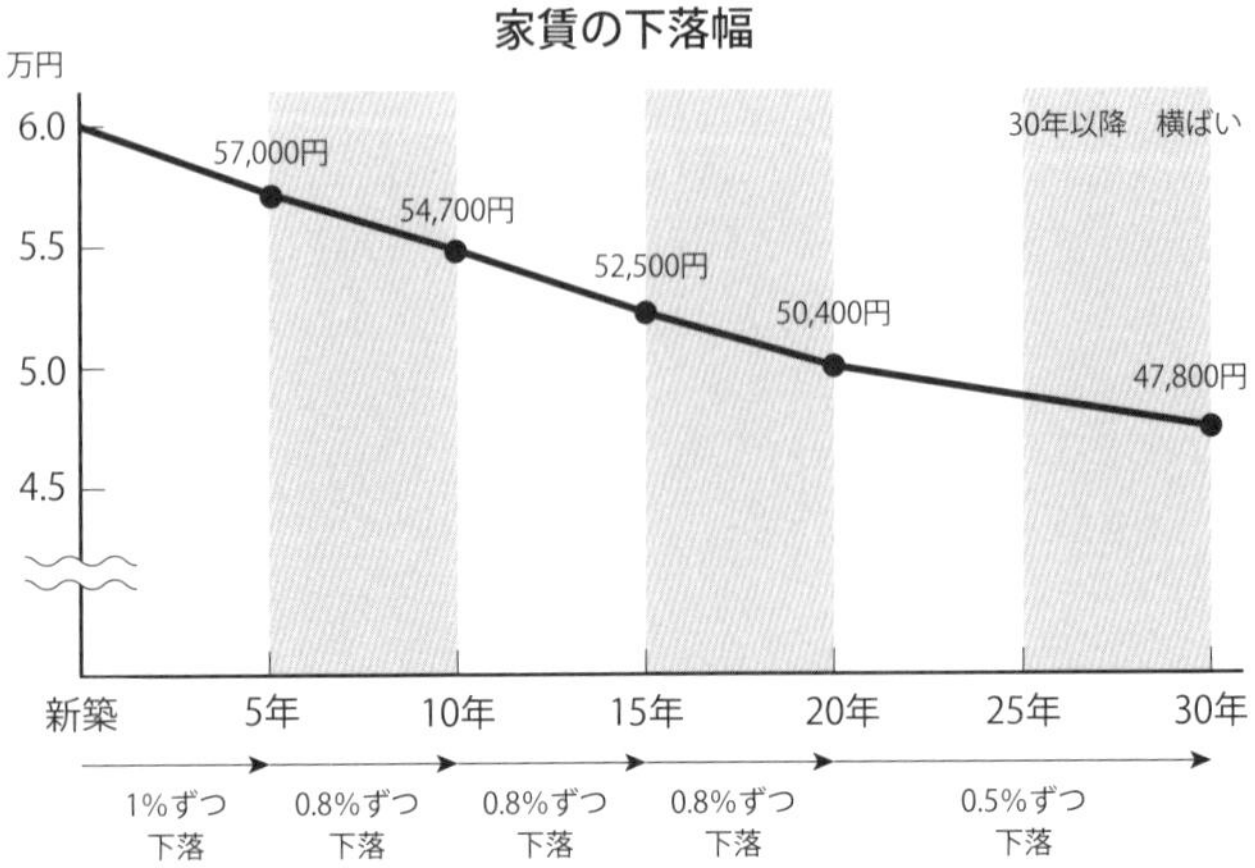


## 新築・築浅ではなく築30年が有利な理由

私は毎日不動産を見ているわけですが、築5年、10年の物件が市場に出てくることは非常に少ないです。

物件を取得してから10年以内くらいに売却される場合、その理由は「入居率が低くて運営できない」、もしくは「所有者が亡くなって相続」のどちらかが大半です。

築3年、5年、10年の物件は、そこから家賃が下がっていく傾向があります。新築から5年もしくは10年近くまでは「築浅」ということでなんとか家賃を維持できます。

しかし、築10~20年になると家賃は下落し、設備の入替もあり、大規模修繕を控える状況になります。最もお金がかかる危険な時期なのです。この時期の物件を購入するときは気をつけたほうがいいでしょう。

もう少し古くて家賃の原価が抑えられている物件をどれだけ安く買うことができるか、もしくはコンディションよく取得できるかということがポイントです。

いずれにせよ、中途半端な築年数はお勧めしません。新築か家賃が下がりきった古い物件を狙うべきです。ちなみに築30年だと、その土地の積算評価が高いか(=銀行から見た評価額が高いか)、もしくは高利回りで回るか(=収益性が高いか)、どちらかに完全に振れないと厳しいでしょう。

## 購入前に建物の状態を必ずチェック

物件の状態確認は、新築ならほぼ必要はありませんが、中古物件なら「どういった事故がこの先起こっていくのか」ということを想定してチェックしなければなりません。

例えば、雨漏れやシロアリ、設備の更新状態、壁が薄過ぎて騒音問題に発展していないか、問題を起こす入居者がいないかどうかなどです。

雨漏りやシロアリなどは、契約段階で告知事項に入っていれば、瑕疵にはなりません。そうしたマイナスポイントを修繕して、収支が見合うかどうかを判断するのがポイントです。例えば、「シロアリで柱が少しボロボロしているけれど、なにかで補強すれば躯体は大丈夫」という見込みがあれば、買ってもいいということです。

雨漏りに関しても、直せるケースと直せないケースがあるので、その見極めは事前にしておくべきです。

設備の更新状態は、エアコンや給湯器がいつ交換されたのか確認することです。空室のキッチンが交換されているか、ユニットバスかどうかといったことも確認しましょう。

もしもお風呂がバランス釜だった場合は、三点給湯（キッチン・バスルーム・洗面所の給湯を1台で行うシステム）が入っていない物件なので、必ずリフォームする必要があります。コストは20万円程度です。これも事前に見込んで安く買えるのであれば許容すべきですし、リフォームして赤字になってしまうのであれば許容すべきではありません。

壁が薄過ぎで騒音問題が起きているケースは、まれにあります。理由は、ずさんな大工が適当に造ってしまった、断熱材を入れないまま造ってしまったなどです。

これを直すには、壁を剥がして中に断熱材を入れて壁を厚くする工事が必要です。

こうしたリスクを避けるためには、買う前にホームインスペクション（第三者機関による建物診断）をして確認しておきます。

加えて問題のある入居者も避けたいリスクです。家賃を滞納している、騒音を立てる、隣地ともめている、ゴミ屋敷にする、建物内を裸で歩く、ペットを黙って多頭飼っているなどが代表例です。

こうしたことは物件を直接見に行かないと気づかないので、必ず現地に足を運び、隣地との状況を含めて確認しましょう。

隣地ともめているケースでは、境界が確定していません。そのため登記上の面積が決まっていても、測量図がなかったりします。地積測量図はあるけれど確定測量図がない場合、なぜ境界が確定していないのかという理由を確認します。

以前、戸越銀座駅から徒歩5分の土地を買おうとした時、契約の3日前に困ったことが起きました。仲介会社が来て、隣の人が「土地の一部は、うちの持ち物だ。おじいちゃんに自由に使っていいと言われている」と主張していると言ってきたのです。しかも確認したところ、所有して20年以上経っているため、悪意によるものであっても占有20年を経過すると所有権を取得してしまうのです。それで11坪ぐらいの土地をめぐって裁判をやるかやらないかというところで現在ももめています。

民法上では、「善意の第三者」と「悪意の第三者」があり、10年と20年で振り分けられています。悪意であっても20年であれば、時効取得が成り立ちます。

そういう物件をうっかり買ってしまうと、かなり面倒なことになります。

今回のケースで気づいたきっかけは、測量図がおかしいことでした。「確認してください」と言ったら出てきたのですが、これは売主も知りませんでした。

もし瑕疵免責だったら、弊社で負わなければならず、しかも「面積の変更に関しては、売買代金の増減はしません」という特約だったら完全にアウトでした。

このように、登記上は売主のもので書類はすべて揃っているのにもかかわらず、実態は誰かが使っていて「俺のものだ」と主張されるケースはあります。そして占有が20年以上だったら時効取得になるので、裁判になったら負ける可能性もあります。注意してください。

# 外注化の仕組み……購入したあとも見据える

物件を購入して、保有後に行うことは、大まかに3つです。

・空室を埋める
・建物を管理（修繕や点検を含めて）する
・テナントリテンション（クレーム対応・提案・回収）

これをすべて自分で行おうとすると、本業がある人は難しいと思いますが、外注に頼ることができるのも不動産投資の特徴です。

通常ならば管理会社にお願いしますが、管理会社のやる仕事が付加価値のある内容かどうかしっかりと見極めて選択することがポイントになります。

賃貸需要の変化、工事業者の選定、トレンドを理解した提案など収益を上げるための提案（コスト削減のための提案）を熟知しているパートナーがいるかどうかが決め手となります。

管理会社の選び方については、次項に詳しく記載しています。

## コストコントロールがしやすい物件とは？

賃貸経営において欠かせないのは、コストのコントロールと入居率になります。コストをコントロールするうえで、どうしても頼まなければならないものとして管理会社に支払う管理手数料があります。

管理会社が行う仕事は多岐にわたりますが、大別して「入居者募集業務」「建物管理業務」「入居者対応業務」の3つがあります。管理会社のなかで特に大切なのは空室を埋めることができる力と、家賃を回収して遅れずに毎月送金できるところになります。

管理会社は数%のフィーで業務を行いますので、決して高いコストではありません。管理部門の方は業務が多く、日々忙しく仕事をしていますが、そのなかでもきちんと報告をしてくれることが、ビジネスパートナーとしてタッグを組める関係につながると思います。

そのためにはマメにコミュニケーションを取り、オーナーの利益最大化のために努力してくれる存在であることがなにより肝要です。不動産のランニングコストは共用部分の電気代・水道代・メンテナンス費用、付加価値としてはインターネット費用などが挙げられます。

家賃を維持できて入居者満足度を高めることができるものとして、コストとメリットのバランスが重要になりますが、きちんとオーナーのメリットになるように提案できることが管理会社の力になります。

前述したように管理会社の業務は、入居者募集、建物の維持・メンテナンス、契約関係、クレーム対応などさまざまですが、会社ごとに強みがあり委託できる業務は異なります。例えば、建築会社がリフォームも行うことがありますが、基本的に割高になります。関連会社が紐付けになっているケースもよくあるので、そこは事前に調べておきましょう。お勧めなのは、原状回復は任せるけれども、大規模修繕になったら相見積もりを取って自分で選択するといった具合に、自分で選べるようにしてコストをコントロールすることです。

また、大手だからといって、必ずしも安心とは限りません。エリアによっては求められる能力が違います。

例えば、ＪＲ中央線のＫ駅には大学が４つあるのですが、大学と古くから関係がある不動産会社は入居付けでも強いです。Ｋ駅の地元の地主がその会社に頼むのは、学生向けのワンルームを埋めたいからです。そういった地の利を知っている不動産会社に頼んでおくことは非常に重要です。

一般的には知名度で選びがちですが、それで後悔している人は非常に多くいます。また、知名度がある会社でも、直営店かフランチャイズかによって仕組みもまったく違います。会社名やブランドではなく、その地域に根付いていて、入居を付ける力があるかどうかで判断しましょう。

管理会社と一括りにいっても、実際には委託できる業務内容や料金体系が違うこともあります。私の会社の場合、管理を丸投げするかどうかはオーナーの判断で選べます。例えば、リーシングが強いからリーシング中心で管理会社と契約するものの、清掃は別にオーナーが手配するという分け方でも構いません。

こうした選択権がオーナーにあることは非常に重要です。某大手管理会社の場合、リフォームや清掃などの関連会社があるため、その契約会社ですべての業務を行うことになります。任せられる反面、割高になってしまうケースがあります。自分で選ぶことができれば、コストダウンにつながります。今では「ジモティー」などのサイトを活用することで、定期清掃も低価格で発注できます。コストに関しては、オーナーの裁量を入れられる余地があるかどうかが一番重要です。

ＲＣ造の建物も防音に優れていますが、木造だとコストが低くて防音の建物が提供できます。ニーズがあり供給数がそもそも少ないため、高い家賃がキープできるでしょう。

## 買ってはいけない危ない物件

最近、Facebook やセミナーなどで「再建築不可物件を合法化する」という不動産コンサルタントの広告がよく出ていますが、これは違法物件やなんらかの事情で再建築不可となった物件の購入に対してコンサルティングを行う業者です。

違法とは「建築基準法に違反している」という意味です。具体的には以下の2種類の物件を指します。

・2mの接道義務を満たしていない再建築不可物件
・指定の建ぺい率と容積率を超過している、再建築時に同等の物件を建築できない物件

不動産会社のなかには再建築不可物件を中心に仕入販売している会社も一定数存在します。ただし、そのような会社は合法であった場合の金額の50〜60%で取得して、たとえ再建築不可物件であっても利回りで回収できるようなものを取得しています。

後者の建ぺい率容積率オーバー物件は、オーバーしているサイズが些少（約10%前後）であれば、信用金庫などが融資を出してくれる場合もあります。

また一部の信販会社では、違反物件に関しても融資可能なケースがあります。このような物件は、私の会社のようなプロの不動産会社は比較的数字が良いので好む傾向にあります。私も個人でこのような物件を運用していますが、融資さえ付けることができれば非常にメリットのある物件になるのです。

前述した再建築不可物件のコンサルティング業者に対しては、訴訟がかなり増えていると聞きます。こちらは権利関係が複雑化して、事実上再建築不可となっている物件の権利を整理することで、再建築可能物件を手に入れられる合法的なスキームではあります。

表向きは理由あり物件の情報を提供、弁護士さんからのアドバイスやコンサルティングも受けられるということになっていますが、権利関係のトラブルはそう簡単に片付くものではありません。

このスキームで成功した人もいますが、もちろん全員が格安で買えているわけではなく、うまくいかないケースもあります。私のお客さまでも結果的には成功したものの、訴訟が2年もかかり、その分の費用もかかりました。

トラブルに発展しやすい理由として、高額のコンサルフィーに見合う対価を回収できないケースが多発しているからだと推測します。

そもそも「再建築不可物件を可能にする」と言い切っていることは大きな問題です。私の会社でも現在、東京西部のT市で再建築不可物件の土地を契約しています。橋を架けて接道させて、合法化のうえで新築のアパートを建てるという方法です。

ただ、橋を架けるためには橋の強度・幅・鉄板の厚みなどを関係各所、役所に話をして決めなくてはなりません。それができれば、再建築不可も可能になって土地の資産価値も2倍程度になります。

このように建築技術のなせる業というのも合法化ではあるものの、時間も費用もかかります。ですから、再建築不可物件を安易に勧めることに対して私は反対のスタンスです。

そのほか、感情がこじれてしまった結果、再建築不可を建築可にしようとしてもうまくいかないパターンはあります。

I市にお住まいの高齢の地主さんは、自宅の隣に300坪程度の畑をもっているのですが、自宅を壊さないと接道しません。奥にも1つ通路があるものの、そこの通路の土地の権利は地元の不動産屋がすべてもっています。そのため、その不動産屋さんに土地の持ち分を買わせてもらわないと、300坪の土地は価値がないのです。

しかし､その地主さんは「自分の目が黒いうちは建て替えも嫌だし､何より借金が嫌だ」と言います。とはいえ、その人が亡くなると一次相続が発生して、1億5000万円の相続税を払う必要があるそうですが、それだけの現金はないと言います。次の二次相続でも1億5000万円程度出ているので、10億円の資産で3億円ぐらいのキャッシュアウトが出る計算になります。

長男は独身、次男は結婚して家庭があり、三男も働いています。長女は嫁いでいて、夫が上場企業で働いているそうです。

10億円という巨額の資産ですが、内情を見てみると、すぐにキャッシュにできる土地はなく、かつ納税期限が10カ月で相続税を払わなければなりません。不動産屋も「やがてくるタイミングでうちが買いますよ」と言って、権利を売らないので難しい状況になっています。

高齢になった地主さんが次の世代のことを考えてくれさえすれば、手が打てるのですが、今はなにもできない状態で、このままでは多額の納税をしなくてなりません。

このように権利関係は、お金だけではなく、気持ちの問題も絡んできます。そのため権利が複雑な物件には、素人は関わるべきではありません。それで儲けられるならプロが手を出しています。広告の謳い文句に騙されないよう注意してください。

いずれにせよ、違反物件においては信頼のおける不動産会社と綿密に話をし、実際に取得するのかどうか、きちんと後日に売却ができるのかを検討したうえで取得することをお勧めします。

# 第6章

# 築年数&年齢によって全然違う押さえておきたい出口戦略

## 出口戦略次第ですべてが台無しになる

出口の考え方や選択肢については後述しますが、まずは、「なぜ出口戦略を押さえるべきか」を解説します。

不動産はその名のとおり、動かない資産です。建物は老朽化しますが、土地自体は残りますので、ずっと持ち続けるというのも選択肢の1つではあります。

とはいえ、本書では不動産を活用しての税金対策、また、可処分所得を増やすことを目的とした不動産投資を紹介しています。このような観点からいえば、出口戦略をもって不動産購入することが必要不可欠なのです。

具体的にいえば、購入時点で売却のタイミングを見据えておくということです。それをしなければ、どうなってしまうのでしょうか。

仮に法定耐用年数の過ぎた築古アパートを購入したとします。減価償却の期間が4年として、4年が経過すれば節税メリットを失います。そのまま持ち続けていても、税金の圧縮ができません。むしろ売上が増えて税負担が重くなってしまうのです。

せっかくの不動産投資で効果を得るためには、前提として物件を購入する際には、建物の金額を比較的大きく取得します。例えば、1億円の物件なら建物の金額の60〜70%で償却するケースが多いため、確定申告上の簿価は3000〜4000万円になります。

ただ、ローンは8000〜9000万円程度残るので、物件を売却する際にはその差額を考慮して売却益が出るようにします。

売却益にかかる税率は、1月1日から起算して5年超過すると20%、それより短いと39%になってしまうため、20%のタイミングを待って売るのがお勧めです。

また、ただ売却するだけでなく、いくつかの選択肢があります。これについては、次項にて詳しく解説します。

## 償却後の出口戦略

減価償却が終わったあとの出口戦略について、選択肢を具体的に挙げれば「更地転売」「転売」「スクラップアンドビルド」「再リノベーション」があります。

築40年の木造物件を購入し、長期譲渡の税率20％のタイミングまで待って売却した場合、築年数は46年になり、建物としても限界が近づきます。

こうした際には、入居者に立ち退いてもらい更地で売るほうが高く売れる可能性があります。したがって、物件を取得した時の築年数に応じて出口の取り方を変えることが非常に重要です。

更地にする以外にも、築46年になった時に入居者に立ち退いてもらい、さらにリファイナンスを組んで新築のアパートを建てて、再度賃貸住宅として運用していく手法もあります。

特に建ぺい率・容積率が上がるような物件だと、スクラップアンドビルドしやすいので、木造だけでなく鉄骨造やＲＣ造を建てることもできます。

私の会社では、これから2年ほどかけて木造の防音アパートを自社開発していく予定です。一棟まるごと防音のアパートです。

ピアノやバイオリンなどの楽器を弾いても音が外に出ないので、木造の防音アパートは非常にニーズがあります。ターゲットは、音楽大学に通う人はもちろん、趣味で楽器を演奏している人、あとは隣の部屋の音を強く嫌がる人です。

そうした物件は特色が付いているため、ある会社では入居者が８００人待ち、１０００

人待ちのケースもあります。

加えて、築22年ぐらいで取得した物件は、丸5年経過しても築27年なので、木造物件でも軽量鉄骨物件でもまだまだ運用が可能なので、そのまま転売も十分にできるでしょう。

## 年齢による出口の取り方

減価償却の終わりを迎えるにあたり、もう1つポイントがあります。

物件を購入した人の年齢が50代半ばの場合、定年の年齢は65〜70歳と延びてはいるものの、収入が維持できるわけではありません。もともと年収2000〜3000万円だったとしても、60歳を過ぎて年収が下がり始めるケースは特に上場企業ではよくあります。

このような人の場合、減価償却が終わった物件を家族の経営する資産管理法人や奥さまや子どもに相続税対策のための親族間売買を行うケースもあります。

子どもや資産管理法人に資産を移すことが決まっていれば、簿価を下げておく、つまりローンの金額をできるだけ減らしておく必要があります。

建物の減価償却で簿価は下がっていますが、売却金額が大きいと売却益が結構出ることがあります。反面、子どもに移す金額は、小さくて利回りが高いほうがいいわけです。例えば親族に1億円のものを9000万円で売るよりも、アパートローンの残債が6000万円程度ある場合は6500万円くらいで子どもに渡したほうが、後々の債務の重さを軽くできるのです。

したがって、50歳前後の人が減価償却スキームを行うときは、できるだけ融資期間を短めにセッティングします。15年、17年くらいのイメージです。

そうすると、3分の1程度のローンが減っている計算になるので、1月1日起算の丸5年だと1億円のうち6600万円になります。

そして、不動産鑑定士を入れて実際の物件の評価を出します。その鑑定評価が7000万円や8000万円になったりするので、その差額が利益になって子どもに渡るわけです。

仮に取得した場合に利回り8%だったとすると、1億円の物件なら家賃800万円ということになります。その6年後、家賃が5%下がっていたとすると、年間の満室想定家賃は750万円になります。

一方、親族間売買で6600万円の簿価が、鑑定評価で7000万円になったとすると、利回りは10%を超えることになります。かつ土地の評価は下がりませんから、それなりに土地の評価が高くて利回りが10%を超える物件を子どもに残すことができるのです。

このスキームは、不動産鑑定評価を入れることで、低めの価格でも税務署的にクリアするということです。税務署的には税金を払わないとまずくなりますが、鑑定評価をしたうえで、しかも税金もしっかり払っているという根拠があります。

この根拠とは、相続、路線価格、公示価格、実勢評価などさまざまあります。そのなかの評価基準として比較的低いものを採用することで、土地値が高く、建物価格が低く、利回りが高い不動産を子どもに安価に引き渡せるのです。かつ取得時に年数を短くローンを組むことで簿価も下がって、残債も少なくなります。

ただし、取得時からの5年間はほぼキャッシュフローが出ません。あくまで所得税対策、相続税対策として、自分が税金を払わずに子どもに利益が出るという仕組みです。一言でいうなら、「所得税と相続税を圧縮して次世代に資産を引き継ぐスキーム」ということです。

1億円の物件をフルローンで取得していると、相続税対策として売ってしまうので子どもに利益は残せません。

しかし、自己資金を1000~2000万円入れていれば、それを子どもに渡すことができます。売却益に対して税金はかかりますが、長期譲渡になるので20%で済みます。

このスキームのポイントは、「取得時の年齢」と「取得時の築年数」です。

85歳まで年収が下がらない人は特に考えなくていいのですが、経営者でもサラリーマンでも、高齢になると世代交代のタイミングが訪れ、そのタイミングで収入が減るのが一般的です。

大企業に勤めている人でも、役職定年や出向などで雇用形態が変わり、年収が下がるケースはよくあります。そうした場合に使えるのがこのスキームです。

というのも、法人の場合、減価償却は来季に繰り延べすることができますが、個人の場合は強制償却となるため、償却を繰り延べすることができるのは赤字のときだけとなります。しかし個人の確定申告上、不動産事業と給与所得を含めて赤字にするのは非常に難しいものです。

また、年収が下がることを見越して強制償却のタイミングを合わせることは、償却がなくなってしまうという側面があるため、バランスを重視した設定をする必要があります。

## 出口を見据えて家賃を維持する

そもそも、なぜ家賃を維持する必要があるかというと、売却時を見据えているからです。何年か経つごとに家賃が下がっていけば、購入時と同じ利回りで売ったときの金額が下がってしまいます。よって、現状の家賃をキープする必要があります。

今と昔を比較すると、家賃相場が明らかに違うことがあります。取得前には現状の家賃設定が高過ぎないか、もしくは安過ぎないかを必ず確認しましょう。

過去、地主さんが保有していた中古物件でよくあったのが、修繕コストを抑えるあまりに、相場より安い家賃で入居募集をして住まわせているケースです。その場合は家賃を上げることができますので、家賃相場とチャレンジ家賃を理解している管理担当であるかどうかが肝になります。

そのうえで、家賃を上げるもしくは維持するためには、宅配ボックス、インターネット無料、IoTなどの付加価値を付ける必要があります。こうすることで、その物件の資産価値、売却時における利益をつくることができます。

エリアごとにライバル物件は常時存在しますが、そのなかでも一歩抜きん出て、こちらの空室を埋めてくれるかどうかは、地場の力がある仲介営業マンが大きな鍵となります。そのためには地場の仲介担当とも、良いコミュニケーションを取れている管理会社であるかが重要になります。

## 建て替えに伴う入居者立ち退きの仕事

築40年、50年の物件の入居者に立ち退いてもらい、新しく建て替えすることは、不動産業者も一部の不動産投資家も実践しています。

普通の借地借家法において入居者の立ち退きを求める場合は、6カ月分の家賃と引っ越し費用を支払い、入居者から了承をもらうことになります。

ただしテナントが相手だと、もめる可能性は非常に高いです。元社員に、東京都下の某市で歯科医をしている人がいます。歯科医院の経営をやるために私の会社を退職しました。RC造で築45年の1階のテナントを借りて歯科医院を経営しているのですが、ある時「立ち退きをしてもらえないか」という通知が届きました。

歯科医院の設立費用は、機械を入れたり建物をリフォームしたりして通常5000万円程度かかるといわれています。そのため、50歳でさらに5000万円を再投資して、次のところに移動して歯科医院を設立するのはハードルがかなり高くなります。また、その人の場合、地元の患者さんが多く、おじいちゃんやおばあちゃんが歯槽膿漏などで週1回くらいは来院していたそうです。

そのような理由から、場所を移転したくなく、現在でももめているようです。その歯科医院以外のテナントはすべて出ています。現在、私の会社の顧問弁護士を紹介して交渉していますが、最悪は出ざるを得ない状況なので次を探す必要があります。次も5000万円はかかるので、立ち退き費用も高額請求したいところなのですが、機械は減価償却が起こるので当初5000万円だったとしても、7年くらい償却になれば簿価になってしまいます。

そのため、引っ越しするのに仮に200~300万円、それに加えてテナント賃料が仮に30万円だとしたら6カ月分で180万円、合わせて500万円程度しか取れません。

このように立ち退きは、物件を保有している側も大変ですし、入居者にとっても大変な問題になる可能性があります。

建て替えに伴う入居者の立ち退きを前提とした物件取得は、プロでも難しい案件です。仮にできるとすれば、普通借家ではなく定期借家の契約を結んでおき、かつ半年から１年前に再契約をしない手続きを踏んで記録を残しておかないと、あとからもめる可能性が非常に高いのです。

# 第7章

# 豊かな暮らしを手に入れた サラリーマン投資家の 年収別ケーススタディ

# 税金圧縮の実例を紹介

第5章では土地値不動産の運用について述べましたが、本章では実際に不動産を保有した方がどのような結果となっているのか、ケースごとに分けて紹介していきたいと思います。

## 【ケーススタディ①】所得税圧縮＋キャッシュフローの事例

**公務員Fさん50歳**

■本人年収800万円　奥さま年収450万円
持ち家ローン残債4000万円　金融資産2000万円

公務員のFさんは奥さまと子ども2人という家族構成ですが、お子さまはすでに独立しています。

この方は所得税をはじめとした税金もそうですが、2人の子どもの大学卒業までに教育費をつぎ込んでおり、共稼ぎではあるものの預金が貯まらないので老後の生活費を心配していました。また、目標として月20万円の定期収入を希望されていました。

ただ、さまざまな不動産会社のセミナー、金融資産運用セミナーなどに参加しており、話を聞くうちに、不動産会社が勧めるものが本当に良いものかどうかが分からなくなっている状態にもありました。

それは中古、新築の区分マンションを勧めるセミナーに行き、借入額はそれなりにあるものの希望のキャッシュフローが出ないことが分かったからです。

また、借入条件（金利・期間・金額）にも非常にこだわりをもっていました。詳しくお話をうかがうにつれ、中古の木造一棟アパートでご主人の所得税圧縮＋キャッシュフローを活用する提案をしました。

税引き前のCFを計算すると

満室想定家賃－（満室想定家賃－運用経費）－（月額ローン返済額×12カ月）＝手残りキャッシュフロー

494万円－（494万円×20％）－（16万4861円×12カ月）＝197万3668円

## Ｆさんの運用実例

**神奈川県Ｙ市南区**

| | |
|---|---|
| 物件価格 | 5,200万円 |
| 年間満室想定家賃 | 494万円 |

想定利回り9.5％

土地面積165㎡（49.9坪）

建物延床面積160㎡

| | |
|---|---|
| 建物価格 | 2,000万円 |
| 積算価格土地 | 2,500万円 |
| 建物積算 | 300万円 |

**銀行融資Ｓ銀行玉川支店**

| | |
|---|---|
| 融資額 | 4,200万円 |
| 自己資金 | 1,000万円 |

金利2.45％　期間30年

| | |
|---|---|
| 毎月返済額 | 16万4,861円 |

運用経費20％（管理手数料、空室5％、固都税）

建物減価償却費3,200万円÷5年償却＝640万円

日次キャッシュフロー（税別）　16万4,472円

　※197万3,668円÷12カ月

日次所得税圧縮　6万5,435円

　※78万5,220円÷12カ月

税後のCFを計算すると
年収800万円＋494万円－98万8000円－57万8332円－640万円＝497万3668円となります。
つまり不動産を保有したことにより、Fさんは今まで年収800万円に対して169万3720円の所得税の支払いをしていましたが、家賃収入494万円が加算されるものの所得税は90万8500円となり、78万5220円が還付されるのです。
そのため年間275万8888円、月額22万9907円の税引き後キャッシュフローを得られ、目標を達成できました。

## 【ケーススタディ②】所得税圧縮＋キャッシュフローの事例

**某外資系金融機関勤務Kさん32歳**

■本人年収3000万円　住宅ローンなし　金融資産1億円

某外資系金融機関にお勤めのKさんは独身で高年収、住宅ローンもありません。今まで海外不動産の所得税圧縮スキームを行っておられましたが、2020年度の税制改革で簡便法による減価償却スキームが否認されたことを受け、国内不動産の節税商品を求めてこられました。

ケーススタディ①のFさんと同様に、中古の木造一棟アパートでの所得税圧縮＋キャッシュフローを活用する提案をしました。

税後のCFを計算すると

年収＋家賃収入－運用経費－年間支払金利－減価償却費＝

年収3000万円＋1120万円－224万円－103万1427円－1600万円＝2192万8573円となります。

今まではKさんの給与収入3000万円に対して、1088万1600円の所得税を支払っていましたが、家賃収入1120万円が加算されるものの所得税は761万3029円となり、326万8571円が還付されることとなります。

年間413万3816円の受取家賃、納税を326万8571円を抑えることができました。

### Kさんの運用実例

**神奈川県海老名市上郷**
物件価格　1億4,000万円
年間満室想定家賃　1,120万円
想定利回り8.0%
土地面積998㎡（329.9坪）　建物延床面積486㎡
建物価格　8,000万円
銀行積算価格土地　9,870万円

**銀行融資Y銀行みなみ野シティ支店**
融資額　1億1,900万円
自己資金　2,100万円
金利1.35%　期間30年
毎月返済額　40万2,182円
運用経費20%（管理手数料、空室5%、固都税）
建物減価償却費8,000万円÷5年償却＝1,600万円

**税金前CFを計算すると**
満室想定家賃－(満室想定家賃－運用経費）－
　(月額ローン返済額×12カ月）＝
　手残りキャッシュフロー
1,120万円－(1,120万円×20%）－
　(40万2,182円×12カ月）＝413万3,816円
となります。
年間所得税圧縮額　326万8,571円

## 【ケーススタディ③】所得税圧縮＋次世代相続対策の事例

**一次相続終了済み地主の子息Tさん34歳**

■本人年収2000万円　預金3000万円
内科勤務医師　独身

Tさんは、お父さまが開業医であり、昔から医師一家となります。お父さまとお母さまは相続税対策ですでにアパートの購入をして相続税圧縮をしていますが、息子さんとしては20年前後のうちに自分にくるであろう相続税への不安、高額の所得税の納税に対する不安がありました。

現在はお父さまとお母さまにより、先祖代々の土地へ大手ハウスメーカーのアパートを建てて賃貸経営をしています。祖父母からお父さまやお母さまの代に対しては相続税対策が取れているもののCFは出ておらず、アパートの劣化による大規模修繕工事費、家賃下落に対する対策、また自分の所得の経費が取れないために所得税対策に不安がありました。

そこで私としては左記の提案をしました。

①Tさん自身の所得税圧縮のために、一棟償却用の不動産購入を提案
②お父さま、お母さまの物件の建物を親族間売買でTさんに譲渡し、建物の賃貸収入をTさんへ移し、相続税評価を減少させ、次の相続税対策を行う

まずは①を目指し、駒沢大学駅徒歩10分にある物件を提案しました。

税後のCFを計算すると
減価償却費が6350万円の5年で償却をしますので単年度で1270万円
金利が5万9909円／月　71万8908円／年
運用経費が147万1200円

家賃売上735万6000円に対して経費が1489万108円となりますので、結果として本業の所得を753万4108円に圧縮できた計算となります。
Tさんは次に数年かけて資金が貯まったのち、お父さま、お母さまと相続について話を

## Tさんの運用実例

**駒沢大学駅徒歩 10 分**

物件価格　1 億 500 万円

年間満室想定家賃　735.6 万円

想定利回り 7.6%　土地面積 128.78㎡

建物延床面積 75.68㎡　建物価格 6,350 万円

**銀行融資Ｙ銀行吉祥寺支店**

融資額　8,925 万円

自己資金　1,995 万円

金利 1.5%　期間 25 年

毎月返済額　35 万 9,742 円

運用経費 20%（管理手数料、空室 5%、固都税）

建物減価償却費 6,350 万円÷ 5 年償却＝ 1,270 万円

**税金前ＣＦを計算すると**

満室想定家賃－(満室想定家賃－運用経費)

－(月額ローン返済額×12カ月)

＝手残りキャッシュフロー

735万6,000円－(735万6,000円×20%)

－(35万9,742円×12カ月)＝156万7,896円

年間所得税圧縮額　301万3,643円

※753万4,108円×40%

する予定です。

このように所得が大きければ大きいほど、税効果も大きくすることができます。なおかつ本業とは別の柱を確保できるため、耐用年数オーバーの木造の賃貸経営には非常に大きなメリットがあるのです。

# 第8章

# 長期スパンに立って1日でも早く始めれば資産は確実に増やすことができる!

# 高所得者ほど早めのスタートがお勧め

不動産の保有目的は「資産形成」「資産保全」「節税」の3つであるとはじめに書きましたが、どんな方でも生活をしていくうえで、どうしても出費が増えてしまう時期があります。一般的には結婚、教育費、マイホーム購入、ネガティブな転職、単身赴任による二重生活などが該当すると思いますが、今回のコロナ禍のように社会情勢の変動による収入不安も発生します。

そのため高所得者の方々には、古くからあるオーソドックスな投資法である不動産が非常にお勧めです。

3年ほど前のスルガ銀行不正融資問題から、一時期高かったサラリーマンの不動産熱は落ちつきました。それでも属性を利用した銀行融資で開始できる不動産事業は、収入に不安がある方なら一刻も早く始められたらよい事業といえます。

特に所得税を23%以上も支払っている人や相続税対策を怠っている人については、是非不動産による税圧縮を検討されることをお勧めします。

ただし自己資金を使用して、なおかつ1年間自分に収入がなかったとしても、それに耐えられるだけの金融資産を残しておくのが無難です。そのため、今後の自分の年収と支出を分析して余裕資金があれば、是非早々に不動産事業の開始をお勧めしたいと思います。

## 相続税対策は他人事ではありません！

私の会社は東京の吉祥寺にありますが、地主さんの死亡により相続税対策をしなかったがために至急換金しなければならないという案件、いわゆる相続案件といわれるものが1カ月に一棟は回ってきます。

不動産は購入者の銀行融資打診から決済まで、平均して3カ月は時間を要しますが、相続税の納税については10カ月以内の納税が義務となっています。どうしても時間に余裕がなく売却しなければなりません。

そのため、あまり銀行融資などを気にせずに取得できる不動産会社へ相続案件が回ってきやすい傾向があるのです。保有している資産が大きければ大きいほど相続税は高額となります。

　この話は地主さんだけのものではありません。高所得のあるサラリーマンが資産形成を行えば、当然、次世代にどのように引き継ぐか……を考える必要があります。

　たとえ不動産投資を使った節税をしなかったとしても、高所得者にとって相続税は他人事ではありません。2015年の税制改正により、基礎控除額が引き下げとなりました。そのため、住宅ローンのなくなった自宅をおもちで株式投資、預貯金などがある程度あれば、相続税の課税対象になる可能性が高いのです。

　対策方法としては2つあります。1つはあらかじめ資産を売却するものと、子どもや奥さまに残すものを分け、売却により相続税の納税予定額を用意しておくことです。

　不動産による資産形成をしていない方向けとしては、相続税対策用の不動産を新たに取得する方法があります。

　その際の選定のポイントは、流動性が高く不動産の固定資産税評価額は低いものの、子どもや奥さまが不動産を後日売却する際に、実勢の売却額が高いものです。いずれの方法を取るにせよ、自分が亡くなったときに相続を受ける人へ迷惑を掛けぬよう資産を運用することが大切です。

## 融資が組みづらい年齢、組みやすい年齢

銀行は不動産の保有目的によって、融資に対しての積極性が変わります。

不動産の保有目的は「資産形成」「資産保全」「節税」の3つになると前述しましたが、投資の側面をもつ資産形成に関しては3年前のスルガ銀行問題から消極的です。

一部の地銀に関しては資産形成においても融資を出していますが、その場合は81歳から年齢を引いた期間と、物件の耐用年数を加味した融資期間のどちらか短いものを採用する場合が多いです。

そのため投資側面があるもので中古の物件の購入を検討する場合は、おおよそ50歳前後がチャレンジできる最後の年齢になると思ったほうがよいでしょう。

節税目的での融資に関しては第3章で説明したように、融資期間が短いほうが優位に働くということと、仕事のリタイアが仮に会社経営者で70歳だとすれば、それ以降は収入が減りますので65歳以下でのチャレンジが望ましくなります。

一方で相続税対策での不動産購入の場合は、そもそも高齢になったため次世代が資産を引き継ぐうえでの相続税対策となりますから、年齢は70歳以上の前期高齢者の方が多いです。その場合あまり年齢は関係なく、銀行は融資を出してくれることが多いです。

資産形成を目的として不動産を取得する場合、本業と家賃の合計が課税所得になります。収入を効率良く受け取るには、借入が終わったときにローンがなく、そのまま家賃収入が実入りになる状態が理想です。

そのためには仕事を辞める年齢とローン返済年を同じにしておけば、老後の暮らしを家賃収入で賄うことができます。

## 不動産取得で成功の8割は決まるが、残り2割の運用も重要

不動産は「どのような物件を取得するかで、成功の8割が決まる」といっても過言では

ありません。この初期設定はほかのどの投資・事業よりも確率が高いので注意が必要です。

1つは立地です。オープンハウスのCMで田中みな実さんが「変わらないものは駅近の土地」と言っていますがそのとおりで、継続して入居してくれる物件であるかどうかは重視すべき点です。

2つ目はいくらで購入するかです。一棟アパートの場合は土地と建物を買うことになりますので、土地をいくら、建物をいくらで買うかが決め手になります。特に建物は減価償却費が密接に影響してくるので、建物額を大きく購入できるかがポイントになります。

また当然ですが、土地と建物の合計で利回りが何%で回るかが極めて重要です。全体的に安く買うのが不可欠であることは間違いありません。

最後に3つ目ですが、適切な銀行融資を引くことです。相続税対策の場合は借入が大きいほうが節税になります。融資期間は長めが良いですし、資産形成の場合でもキャッシュフローが目当てなので、融資期間は同様に長めが望ましいです。

反対に節税の場合は、保有期間時の税率と長期譲渡益の20%の差が利益になります。できるだけ元本を減らすほうが良いので短めの設定が理想です。

## かけがえのないパートナーになるために……

最後に著者である私自身の話をさせてください。

東京の吉祥寺で不動産会社を営む私は、新卒で上場企業のプロパンガスを主体とした燃料商社に入社し、宮城県の仙台に配属され新規営業を行うサラリーマンをしていました。ちょうど2000年の就職超氷河期での入社です。もともと60～70％が銀行に就職する大学であり、私もそのつもりだったのですが、当時はりそな銀行の公的資金注入、日本長期信用銀行や北海道拓殖銀行、それに山一證券の破綻と金融業界全体が不景気に苦しんでいた時代です。今後の景気を考えると銀行という選択肢ではないと思うようになりました。

いろいろ考えた結果、潰れない企業に就職したほうが賢明であるとライフライン系の会社を選択しました。

プロパンガスの新規顧客を追い求める営業ではハウスメーカーや不動産会社との取引ができ、その紹介により多くの不動産オーナーとプロパンガス納入を通じた取引が拡大していきました。

しかし、いくら営業成績で全国一位になっても給与は変わらず、賞与が少し上がるだけでした。このように成果が収入に結びつかない現状のなか、「なんとか自分の経済環境を打開したい！」と投資に注目しました。

株式や投資信託から始めたものの、それだけでは飽き足らず、やがて不動産の勉強も始めました。２００４年のことです。仕事を通じて、経済的な安定を手に入れたサラリーマンの方や地主さんとさまざまなお話をしていくうちに、自分でも叶えられないだろうかと考えるようになったのです。

ポータルサイトでアパートやマンションが販売され始めた先駆けの時代です。不動産でいこうと決めた理由は、「土地は残るのでゼロサムゲームではないこと」「借入資本で事業拡大できる可能性がある商材」だからです。

また、主要都市は今まで以上に家賃が上昇傾向にありました。

当時はＳＭＢＣがノンリコースローンをサラリーマンに出していましたが、物件はＲＣ造ばかり。ＲＣ造は評価が高く、買いやすく、売却しやすいのですが、一方で固定資産税の高さが気になり、手残りは少ないので木造の案件に絞るようになりました。

ところが物件を見つけて仙台の金融機関へ融資打診するものの、ことごとく取り扱い不可でした。その当時、20代の自分の年収でも不動産を購入できる可能性がある時代ではありましたが、コネもなく、アパート一棟の不動産融資を銀行にお願いできることを知りませんでした。それと今以上に不動産評価が積算主義であったことも原因でした。


また、日々のプロパンガスの営業のなかで、仙台で収益用不動産の販売をしていた業界大手のY社、S社との取引があったので、両社がどのような物件をどのようなお客さまに、どのような融資で不動産売買しているのかを見ていました。

その時代、ほとんどの取引はRC造マンションでなされていること、そしてSMBCのノンリコースローンで融資を引けた場合にキャッシュフローが良い事実が分かりました。

私はガス納入をしていますので、入居率が良い案件、厳しい案件が分かります。入居率が悪い案件は取得時にリフォームがきちんと内外にかけられているか、レントロールが相場どおりかが重要であるのもおおむね分かるようになりました。

そこでまずは自分の手の届く範囲で取得できる可能性が高い、区分のテナントや区分マンションに的を絞り、競売サイト・不動産ポータルサイトのラルズネット・楽待・健美家などで探し始めました。それこそ仕事が終わってから夜10時以降に物件を見に行くこともざらにありました。

当時、私が住んでいた宮城県仙台市は地方都市なので、サラリーマンに不動産投資資金を出してくれる金融機関は限られるものの、表面利回りが15%や20%の物件が多く存在していました。

また競売サイトを眺めていると、利回りはそれこそ30%や40%の物件も多く存在していました。日に2~3時間はポータルサイトを見ていたので、半年もすると相場家賃の見方がある程度は理解できるようになりました。

修繕は自分で工事をすることが可能で値段のコントロールもできたので、競売にチャレンジして区分ファミリーマンションを取得しました。同時に倒産するゼネコンが保有していた大手生命保険会社の支店が入居しているテナントも任意売買で取得し、運用を始めたところ比較的うまくいきました。

このように東北地方で不動産投資に成功しながらも、私は東京の八王子市出身なので、東京に戻りたいという希望がありました。そして、2006年から東京都杉並区で一棟ものの不動産投資を開始しました。

東日本大震災前に転勤で東京に戻ってきたこともあり、取引先の収益用不動産会社に転職し、その後は趣味が興じて不動産会社を立ち上げ、約7年が経過しました。

現在は東京・神奈川を中心に、一棟ものの収益用不動産投資を行っております。

私のポリシーとして、「仲介」はやりません。仲介業務とは売主の希望と買主の希望を叶えることです。しかし、私は常に買主の側に立ったポジションを貫いています。具体的にいえば、自分で気に入った不動産を自社でリノベーションして、できる限りのリスクを取り除き、安心いただけるように商品の販売とその後の賃貸管理をしています。

2020年は、新型コロナウイルスの感染拡大の影響で収入が減少した人が全体の30%にものぼるそうです。そのようななかでも住居系賃貸不動産は堅調に推移しています。

新型コロナウイルスに負けず、皆さまがより幸せに生活を送れるのが最も望ましいことですし、私どもは収益用不動産を活用して陰から支える会社でいたいと願います。

# パートナーには売買だけでなく、管理もできるプロを選ぶ

本業を抱えている方のほとんどが、管理会社へ自分の物件の管理を任せていらっしゃることでしょう。少ない管理報酬で賃貸経営のほとんどの業務を行ってくれ、オーナーである自分は判断をするだけでよいという形が望ましいと思います。

それではどんな管理会社が一番良いのでしょうか。

不動産売買の会社は売るのが仕事です。一方で管理会社のやるべき仕事は、オーナーが保有している物件の価値の維持です。この価値を具体的にいうと、建物状態維持、収益性・入居率・回収率の維持と向上、テナントリテンションなどになります。

売買だけの会社は管理をやらないので、どうしても販売優先になってしまいます。それに比べて売買と管理をセットにしている会社なら、ワンストップでオーナーの立場を理解してくれますから良いパートナーシップが組める可能性も高いです。

加えてもし不動産を販売したくなったときに、その物件を仲介してくれる販売力の強い

会社であればなお良いと思います。

そのような会社に相談できた場合は、「今後購入する予定の物件は、何年保有していくらで売れますか？」と率直に質問するのが好ましいです。

お客さまの資産と属性のマッチングを物件で行うわけですから、出口が想定できない不動産会社は物件の収益ポイントと収益予測が見えていないことになります。そのためにも購入する前は、必ず出口についての説明を求めましょう。

このコロナ禍で、今後の景気がどうなるかは誰にも分かりません。ただ1つ言えるのは、「景気が良くなる想定をする人はほとんどいない」ということです。

そのため、日本に在住することを継続するのであれば、本業とは別に収入をつくる、本業の節税をする、総資産の相続税の対策について考えることはとても大事なことになります。

# おわりに

本書を最後までお読みいただきまして、誠にありがとうございます。

数年前の市況から考えると銀行融資は非常に厳しくなりました。不動産にご興味がある方ならご存じのとおり、銀行融資が厳しくなったのは一昨年のスルガ銀行不正融資事件、レオパレス21のサブリース解除問題と建築基準法違反問題、それにＴＡＴＥＲＵのエビデンス改ざん問題に端を発した、金融庁主導の銀行の不動産融資厳格化によるものです。

一棟ものの収益用アパートを購入する場合、極論をいえば年収５００万円でも融資を引くことができたものが、現在は年収１０００万円からのスタート。しかも、かなりの金融財産を保有していなければ、銀行融資を引くことができなくなりました。

ただし、銀行側の考えとしては不動産融資は金額が大きいので銀行担当者、支店のノルマのなかで大きく額を稼ぎ、目標達成に近づけることができるので融資をしたいスタンスです。

そのために投資側面が強いサラリーマンの不動産融資は厳しいものの、相続税対策や資産保全など投資側面が弱く、事業に近い側面をもっている地主さんの融資には積極的といえます。

ただし、ハウスメーカーの提案してくる事業利回りは4％や5％ととても低いのと、レオパレス21に端を発するサブリースの保証額の改定による訴訟が相次いで社会問題になった関係で、サブリース保証額の収支面から収益性を見るハウスメーカー提案の事業への融資は、なかなか通過しなくなってきている現状があります。

1年ほど前に、銀行融資のひずみを表す極端な事例がありました。

年収2500万円、借入0円、預金2億円の某金融機関勤務のサラリーマンAさんが、東京都北区王子にある1億円のマンションを購入希望。

一方で家賃売上4000万円、借入6億5000万円、預金5000万円の地主であるBさんが、Yエリアにある1億3000万円のアパートを購入希望。地主さんは先祖代々の土地にアパートを建築しており土地の価値は8億円ありました。

当然ですが借入がいっさいないAさんのほうが、Bさんより銀行融資条件が良いと思いませんか。

しかし結果は逆でAさんは金利1・35％、期間35年。融資額は物件価格の80％で8000万円。自己資金は諸経費を含めて2400万円でした。

Bさんは金利1・00％で期間は35年。融資額は物件価格の100％で1億3200万円。自己資金は諸経費のみで520万円となり、銀行融資では圧倒的にBさんのほうが優位に立ちました。


銀行の見方としては収益不動産運用の実績もさることながら、本部への稟議書を書く際に、銀行として投資側面以外の地主さんの資産保全、相続税対策を目的として稟議を出せる強みがあります。その結果、融資条件が良くなっているのです。

これは新築のマンション、アパートの場合の話です。

一方で、このような事例がありました。

中古アパートの購入を希望する地主Cさんと、高属性のサラリーマンDさんから、同じ物件の購入希望が入りました。

この物件は築古ではありますが土地の面積が広大で、かつ資産価値（路線価格・実勢価格とも）が非常に高く、私の会社が保有しリニューアルをしたものでした。

資産価値が高いとは、つまり積算評価が高い案件であることで、相続税評価を下げる効果はこの物件には少ないといえます。

Cさんは家賃収入総額5000万円、借入10億円、金融資産8000万円、不動産保有資産11億円です。

Dさんは給与収入が1400万円で、借入は3000万円、金融資産が5000万円あります。

この案件には高属性のサラリーマンDさんに融資承認が早々と下りました。その購入理由についてDさんは子どもがおらず、個人の所得税がかなり重いので建物の減価償却とキャッシュフローによりDさんの財務が安定し、将来の資産形成が見込めるという点と、不動産投資の経験があるため、いち早く融資の内諾を得られたのです。反してCさんは希望の融資条件を確保することができませんでした。

このように融資が厳しい状況では、不動産の投資の目的(投機ではなく事業であること)が明確であり、銀行も融資をする理由が明確であることがとても必要になってきます。

繰り返しになりますが、不動産の保有目的は「資産形成」「資産保全」「節税」の3つに分かれます。

いずれも次の3つの要素を満たすことが物件選定においてすべてといっても過言ではないでしょう。

1. 保有中のキャッシュフローの最大化
2. 資産の目減りが少なく出口が取りやすい案件
3. 減価償却費

不動産保有にあたっては、物件+融資のバランスが取れていることがとても重要です。不動産をキャッシュで購入できれば一番ですが、なかなかそのような人は少ないと思います。

本書では年収1000万円以上を確保できているものの、生活水準が上がらず将来の不安がぬぐえない方に関して、不動産で流動性が高く、収益性が高いものを活用し、資産形成・資産保全・節税のお手伝いができればと思い執筆するに至りました。

かつては、年収1000万円もあればステータスでありました。しかし、消費税を含め増税が進んでいる現在の日本においては、年収1000万円は決して経済的優位性を実感できる額ではありません。

そのため本書を通じて、1人でも多くの方が安定収益源を確保し、安心を得ることができればこれほどうれしいことはありません。

〈巻末付録〉



本編では紹介しきれなかった「不動産投資以外の節税ノウハウ」「火災保険の活用法」「サラリーマン以外の節税事例」を巻末にて解説いたします。

# 不動産投資以外の節税ノウハウ

私の会社には高額所得者のお客さまが数多くいらっしゃいますが、皆さまそれぞれいろいろなやり方で節税をされています。

節税方法には大きく分けて「不動産を使わない節税方法」「不動産を使った節税方法」がありますが、最後に不動産投資以外の節税ノウハウを紹介します。

大前提として「いくら節税が必要なのか」や「どのようなやり方が向いているのか」はその人の収入はもちろん、年齢や家族構成に関わってくる部分があり、ケースバイケースとなります。

また、脱税と税金対策はまったく違うものです。特に税法は難しいので、必ず税理士などの専門家のアドバイスを受けて行うことをお勧めいたします。

## 【節税方法①】ドローン投資活用法

キャッシュが一時出てしまうことはあるのですが、税の繰り延べを1年遅らせることができます。

その際ポイントになるのが10万円以下の短期償却が

可能である商品を選定して、節税が仕組み化されていることです。

中小企業庁のホームページに記載されている「中小企業経営強化法」という法律に該当し、即時償却できる商品であることがポイントになっています。ただし、購入したドローンを売却した際には事業所得として総合課税されますので、リースを併用してご提案している企業が多いようです。

例えば10万円のドローンを100機購入したとします。1,000万円の経費が出ますが、ドローンを単年度償却できるため、所得税率が40%の方は住民税10%と合わせて約500万円の節税が可能となります。

その後にドローンを売却すると、同額近くで売却が可能であるため総合課税所得になってしまいますが、1年間特別に所得が上がってしまった方が短期的に節税できる投資になります。

## 【節税方法②】ビケ足場投資法

こちらもドローンと考え方は同じです。10万円以下の足場を購入し、短期償却を図る投資法となります。ドローンと同様でキャッシュは出てしまうのですが、一時的に発生した大きな利益を圧縮するにはビケ足場リース事業はお勧めです。

一時的に上がる収益としては不動産の売却益、保険の

解約返戻金などが挙げられます。あらかじめ収益が上がることが分かる場合には、この投資法と併用すれば利益を圧縮できます。

お客さまが実際にされていた事例を紹介します。3,000万円を投資して、一昨年は足場リース事業をされていました。一昨年は当期利益が3,000万円圧縮されますので、法人税を1,000万円程度圧縮することができます。

その後はリース代が月40万円入ってくるので、年間480万円の回収が見込めます。収支は以下のとおりです。

**ビケ足場リース事業の収支**

| リース売上 | リース原価 | リース資産売却益 | 単年度収益 | 累計収支 |
|---|---|---|---|---|
| | 3,000 | | ▲3,000 | ▲3,000 |
| 500 | | | 500 | ▲2,500 |
| 500 | | | 500 | ▲2,000 |
| 500 | | | 500 | ▲1,500 |
| 500 | | | 500 | ▲1,000 |
| 500 | | 800 | 1,300 | 300 |

単位：万円

ビケ足場リース事業が節税になる理由は、足場資材が税務上の消耗品に該当するからです。通常10万円以上の資産はいったん固定資産として処理し、その取得価額を法定耐用年数の期間で減価償却費として費用計上するのがルールになります。

ただし、取得価額が10万円以下のものについては少額の減価償却資産として、その取得と事業をした年度内に全額損金処理をすることが可能になります。

足場は部品の組み合わせでできており、高くても1パーツあたり3万円もしないものが多いので、全額損金処理できることになるのです。お客さまは当社にて不動産を取得したのですが、ビケ足場のリース代金が毎月入金されるので、その収益を見込んで減価償却期間設定をして所得圧縮をされています。

# 火災保険の活用法

物件を取得する際に、多くの方が火災保険に入ります。最近では震災や台風をはじめとした災害が多く発生することにより、過去に比べて火災保険の値段が非常に上がっています。

しかし、保険会社側としては災害が増加して保険の支払いが増加しており、火災保険としては大赤字という会社が多いです。

2020年9月期で見ると、東京海上日動が781億円、損保ジャパンが575億円、三井住友海上とあいおいニッセイ同和損保の合計は994億円の赤字です。全体では2,300億円以上で、11年連続の赤字になっているようです。

事故が増加している現状を見れば火災保険に未加入であるということは、賃貸経営においてはリスクでしかなく加入が必要です。

では、火災保険にはどのような指標で加入すればよいのでしょうか。

## 【火災保険加入のポイント①】

まずは、建物と家財を両方加入するのではなく、入居

者保険をうまく活用して建物保険のみにして保険料を軽減させましょう。

管理会社に賃貸管理を依頼すると、新規入居者が入居する際に短期の少額家財保険への加入を斡旋するケースが多いです。これは家財保険の金額が非常に高いため、一部を入居者負担にすることでオーナーサイドのコスト軽減を図っているのです。

## 【火災保険加入のポイント②】

幅広い事故の種類に対応できるように加入することが重要です。事故の種類は保険会社として6種類ほどあります。

**●事故の種類**

（1）火災・落雷・破裂・爆発
（2）風災・ひょう災・雪災
（3）水ぬれ
（4）盗難
（5）水災
（6）破損・汚損

この6種類が該当しますが、いずれにしてもすべての項目に加入することがとても大切です。

## 【火災保険加入のポイント③】

補償の特約にもいくつかの種類があります。使えるものが多いので、しっかり加入しましょう。ここでは代表的な特約をご紹介します。

**・電気的・機械的特約**

エレベーターがある物件、受水槽がある物件などは万が一の故障に対応できるように、電気的・機械的特約に加入するほうがよいです。

またガス給湯器やエアコンなどは万が一の不測の事故により故障してしまった際にも、この特約を活用することで保険申請が可能になります。

**・施設賠償責任保険**

「外壁のタイルが落ちて車に当たってしまった」「漏水により、階下の入居者が一時的に部屋に住めなくなってしまった」といった事故の際には、この施設賠償責任保険を活用することにより費用が保険から賄われます。そのため賃貸経営の補償特約のなかでも、この施設賠償責任保険は非常に有効に働きますので是非加入すべきでしょう。

そのほかにも有効な特約が各保険会社で用意されています。建物を管理する管理会社とよく話をして特約の選定をするのがよいでしょう。

## 【火災保険加入のポイント④】

多くの方がご存じないのですが、「補償額はそこまで重要ではない」という考えがあります。

保有する物件において、不測の事態により保険を活用することになった場合、いくら保険が必要なのでしょうか。それは保険の補償額満額を使用する時期がくるかどうかという話になります。

万が一そのような事故が発生してしまったときには、資金の目減りがないようにする必要があります。

私自身の考え方としては、以下の公式をクリアできれば問題ないと考えています。

**建物解体費用＋同サイズの建物新築工事費用＋**
**入居者斡旋費＋土地値＝物件購入額**

これが同じ物件を再度用意するために必要なコストになります。

そのため、

**保険保障額 ＝ 建物解体費用 ＋ 同サイズの建物新築工事費用 ＋ 入居者斡旋費**

という計算で賃貸経営リスクを改善できます。このような考え方をもてば、過度な補償の保険に加入しなくても済むのです。

# サラリーマン以外の節税事例

本書ではサラリーマンを中心に所得税の圧縮ノウハウを解説しましたが、このノウハウは自営業者や専業大家、地主などにも有効です。また節税対策は所得税だけでなく相続税対策に通じる部分もあります。

巻末付録では、所得税圧縮に加えてキャッシュフローを得た事例、相続対策と所得税圧縮を同時に行った事例、所得税圧縮に家賃下落のリカバリーを行った事例をご紹介します。

## 所得税圧縮＋キャッシュフローの事例

### 個人事業主Yさん50歳

■本人年収1,500万円　奥さま年収100万円
住宅ローンなし　金融資産4,000万円

個人事業主のYさんは奥さまと現在学生である子どもと4人で暮らしています。

経営上の資金不安により、事業の第2の柱を求めてい

るお客さまでした。本業は工場を経営しており、後継者不足にも悩まされていました。まずは不動産に対してはあまり儲からないイメージが強かったそうですが、私の会社が開催したセミナーで興味をもっていただきました。

果たして50歳でローンを組めるのだろうか？という不安もあり、早々に収入をつくりたいというご希望でしたので物件を紹介しました。

会社、個人とも納税が多いため、第７章の公務員Ｆさんと同様に中古の木造一棟アパートでのご主人の所得税圧縮＋キャッシュフローを活用する提案をしました。

東京都世田谷区鎌田２丁目
物件価格8,500万円
年間満室想定家賃697万円
想定利回り8.2％
土地面積132.2㎡（40坪）
建物延床面積180㎡
建物価格4,500万円
積算価格土地4,000万円
建物積算150万円

銀行融資Ｙ銀行吉祥寺支店
融資額8,000万円　自己資金500万円

金利1.5%　期間25年
毎月返済額31万9,949円

運用経費20%
（管理手数料、空室5%、固都税）
建物減価償却費4,500万円÷5年償却＝900万円

税金前ＣＦを計算すると

**満室想定家賃－（満室想定家賃－運用経費）－（月額ローン返済額×12カ月）＝手残りキャッシュフロー**
**697万円－（697万円×20%）－（31万9,949円×12カ月）＝173万6,612円**

となります。

税引き後のＣＦを計算すると

**年収＋家賃収入－運用経費－年間支払金利－減価償却費＝**
**年収1,200万円＋697万円－98万8,000円－57万8,332円－900万円＝840万3,668円**

となります。

今まではYさんの役員報酬1,200万円に対して、345万3,120円の所得税を支払っていましたが、家賃収入697万円が加算されるものの所得税は178万6,563円となり、166万6,556円が還付されることとなります。

年間173万6,612円の受取家賃を無税で得られ、納税を166万6,556円に抑えることができました。

Yさんは「次の案件も是非とも取り組みたい！」とのことです。

## 相続税対策＋所得税圧縮＋キャッシュフローの事例

**一次相続終了済みの地主Hさん63歳**

**■家賃以外の収入なし　家賃収入3,000万円**
**税引き後キャッシュフロー500万円**

ご主人は3年前に死去されています。昔からの大地主さんで私の会社の営業マンはHさんを30年前から存じており、お子さんが生まれた時から知っています。

この方は京王線の読売ランド駅からとても近いところに先祖代々の土地をおもちで、某大手ハウスメーカーの建築でアパートを保有しています。

しかし、アパートの借入は大きく、毎月のキャッシュ

フローは生活費に充当しているためほとんどキャッシュをもっていませんでした。土地の資産価値は6億円前後あります。

住宅ローンは月15万円であり、長男は演劇をやっていて収入が不安定、長女と次女は嫁いでいる状況です。

預金がほとんどない状況なのですが、原因としては相続は終了したものの、若くしてご主人が死去されてしまい、新たに相続が発生したことにより納税が発生したためでした。

また、木造のアパートで築22年を経過している案件が出てきたこともあり、少しずつ所得税の支払いも出てきているために資金に困っている状況でした。

そのため、まずはキャッシュフローを改善するために以下のことを提案しました。

①銀行借り換えにより期間延長（キャッシュフロー）
②積算は多少少なくとも高利回り案件の取得を提案（キャッシュフロー、相続税対策）

演劇をやっている長男の生活を一部支えていることもあり、Hさんは不動産で食べていきたいという要望がありました。そのために、まずは信用金庫から借りている融資の借換えを打診しました。

物件A：金利2.2%
期間30年　残り18年　残債7,000万円
毎月返済額44万452円を以下に融資打診
毎月返済額44万452円

金利2.0%　期間30年で引き直し
残債7,500万円（借換えに伴う融資手数料、登記費用含む）
毎月返済額22万7,214円でCFを21万3,238円改善

物件B：金利2.2%
期間30年　残り7年　残債2,500万円
毎月返済額40万6,279円

金利2.0%　期間20年で引き直し
残債3,000万円（借換えに伴う融資手数料、登記費用含む）
毎月返済額15万1,765円でCFを25万4,514円改善

既存借入先はメガバンクだったのですが、借換えを打診したところ非常に抵抗がありました。しかしHさんの資産形成において借換えは必須であったため、何度も訪問してお願いをし納得をしてもらいました。

この借換えで費用は約800万円かかりましたが、毎月のCFは46万7,722円になりましたのでHさんの経営状態は非常に改善されました。

その後、保有している物件の担保に余力がありましたので、銀行と相談してCFが回る案件の融資と取り組みを開始いたしました。

神奈川県Y市港南区港南2丁目
物件価格1億3,300万円
年間満室想定家賃974万4,000円
月額満室想定家賃81万2,000円
想定利回り7.3%
土地面積347㎡（104.97坪）
建物延床面積140㎡　建物価格8,320万円

銀行融資Y銀行調布支店
融資額1億3,300万円　自己資金500万円
金利1.5%　期間35年

毎月返済額 40 万 7,225 円

運用経費 20%（管理手数料、空室 5%、固都税）

税金前ＣＦを計算すると

満室想定家賃－（満室想定家賃－運用経費）－（月額ローン返済額×12カ月）＝手残りキャッシュフロー
974万4,000円－（974万4,000円×20%）－（40万7,225円×12カ月）＝290万8,500円

となります。

税後の CF を計算すると

減価償却費が8,320万円の22年で償却をしますので単年度で378万1,818円
金利が9万558円／月　　108万6,704円／年
運用経費が194万8,800円
家賃売上974万4,000円に対して経費が681万7,322円

となります。

税金としては単独では

292万6,678円－153万6,000円＝139万678円
139万678円×33%＝45万8,923円

が所得税となりますが、247万9,577円が年間入ることになりました。

結果としては年間809万2,241円が借換えと買い増しで利益が上がりましたので、Hさんの資金改善を行うことができました。

## 所得税圧縮＋キャッシュフロー＋テナントの家賃下落カバーの事例

**大地主Cさん64歳**

**■家賃収入8,000万円**
**預金3億円　総資産10億円**

Cさんは3歳で祖父から特定遺贈で総資産10億円を相続した大地主の方です。

保有している土地にハウスメーカーからいくつもRC造マンションを建築したものの、個人で取得をし続けたために家賃収入が大きく、所得税が上がってしまったのと、スイミングクラブの建物を建築して運用会社に転貸

しておりました。

しかし、昨今の少子高齢化でスイミングクラブにあまり人が集まらず、さらにコロナ禍の影響で生徒の子どもが減ったことを受け、月額300万円の家賃を250万円に値引きしてほしい要請を運用会社から受けていました。

スイミングクラブの建物の借入はないものの、もしも倒産してしまったら次のテナント誘致はかなり難しくなることが想定されます。それを恐れてCさんは私の会社に相談に来て、私は4つの方法をCさんへ提案しました。

①年間2,000万円の支払いをしている所得税は、個人で中古アパートを購入することで圧縮する
②独身ではあるものの妹さんや甥っ子さんがおり、資産を相続させたいと考えているが、3億円もかかるため、親族の法人を立ち上げて徐々に法人へ所有を変更していく
③法人に所得を寄せる意味で、法人でCFが回る物件を保有する。そのCFで20年後に個人から資産管理法人が物件を取得するようにする
④ある程度のタイミングでスイミングクラブの土地建物を売却することにより、空室リスクを抑える

Cさんは非常に有名な地主さんでもあるので、当初は提案の内容に対して懐疑的ではありましたが、個人で取

得し続けるのに限界があることも理解していました。

また、農協経由で紹介を受けて建設したスイミングクラブに関しても、今後の事業安定性が見込めない現状は、このコロナ禍の家賃減額交渉で痛感していました。

そのため、まずは年間2,000万円の支払いがある所得税を少しでも圧縮するために、物件AとBを紹介しました。

物件A　二子玉川駅徒歩10分
物件価格8,500万円
年間満室想定家賃638万6,400円
想定利回り7.5%
土地面積219.07㎡（66.2坪）
建物延床面積153.99㎡
建物価格5,950万円

銀行融資K信金I支店
融資額8,500万円　自己資金340万円
金利1.57%　期間30年
毎月返済額29万6,215円

運用経費20%（管理手数料、空室5%、固都税）
建物減価償却費5,950万円÷5年償却＝1,190万円

税金前ＣＦを計算すると

**満室想定家賃－（満室想定家賃－運用経費）－（月額ローン返済額×12カ月）＝手残りキャッシュフロー**
**638万6,400円－（638万6,400円×20%）－（29万6,215円×12カ月）＝155万4,540円**

税引き後のＣＦを計算すると減価償却費が5,950万円の５年で償却をしますので

**単年度で1,190万円**
**金利が6万104円／月　　72万1,248円／年**
**運用経費が127万7,280円**
**家賃売上638万6,400円に対して経費が1,389万8,528円**

となります。

結果として本業の所得を751万2,128円圧縮できた計算になります。

物件Ｂ　座間相武台駅徒歩10分
物件価格１億3,800万円
年間満室想定家賃1,020万円
想定利回り7.4%

土地面積 833.01㎡（252 坪）
建物延床面積 630.60㎡
建物価格 9,660 万円

銀行融資 K 信金 I 支店
融資額 1 億 3,800 万円　自己資金 552 万円
金利 1.56％　期間 25 年
毎月返済額 55 万 5,810 円

運用経費 20％（管理手数料、空室 5％、固都税）
建物減価償却費9,660万円÷5年償却＝1,932万円

税金前ＣＦを計算すると

**満室想定家賃－（満室想定家賃－運用経費）－（月額ローン返済額×12カ月）＝ 手残りキャッシュフロー**
**1,020万円－（1,020万円×20％）－（55万5,810円 ×12カ月）＝149万280円**

税後のＣＦを計算すると減価償却費が 9,660 万円の 5 年で償却をしますので

**単年度で1,932万円**
**金利が9万5,810円／月　　114万9,720円／年**
**運用経費が204万円**
**家賃売上1,020万円に対して、経費が2,250万9,720円**

になります。

結果として本業の所得圧縮を1,230万9,720円に圧縮できた計算となり、合計として1,982万1,848円の所得税圧縮を見込むことができましたので、①の目標は達成できた計算となります。

次に②、③の法人化についての対策ですが、まずは法人の設立をCさんに勧めることにしました。目的としては法人に資金が貯まった段階で、個人で保有しているものを法人へ所有権移転させ、次世代の方が支払いする相続税を圧縮する目的です。

Cさんとしては物件が多いために、個人で所有する物件の法人への移転は5,000～6,000万円はかかることが想定されます。そのため今後は利回りのある物件を法人で所有し、法人に残る資金を活用して個人の債務を圧縮していきたいとの考えです。